LA EDAD DORADA

CHIP CONLEY

LA EDAD DORADA

12 razones por las que la vida mejora a partir de los 40

DIANA

Título original: *Learning to Love Midlife: 12 Reasons Why Life Gets Better with Age*

Traducción: Matilde Schoenfeld Liberman
Formación: Liz Estrada
Diseño de portada: Planeta Arte & Diseño / I. Jacqueline Cruz Méndez
Ilustración de portada: © Getty Images
Fotografía del autor: © Lisa Keating

Bajo el sello editorial DIANA M.R.
Avenida Presidente Masarik núm. 111,
Piso 2, Polanco V Sección, Miguel Hidalgo
C.P. 11560, Ciudad de México
www.planetadelibros.com.mx

Primera edición impresa en México: febrero de 2025
ISBN: 978-607-39-2264-7

Impreso en los talleres de Litográfica Ingramex, S.A. de C.V.
Centeno núm. 162-1, colonia Granjas Esmeralda, Ciudad de México
Impreso y hecho en México – *Printed and made in Mexico*

A mis dos cofundadores de la AAMM,
Christine Sperber y Jeff Hamaoui.

Las lecciones de vida contenidas en este libro
no existirían sin ustedes.

Índice

Introducción: una historia de dos medianas edades 11

LA VIDA FÍSICA

1. «Me queda más vida de lo que pensé» 35
2. «Qué alivio que mi cuerpo ya no me define» 53

LA VIDA EMOCIONAL

3. «Me hago amigo de mis emociones» 75
4. «Invierto en mi bienestar social» 91
5. «Ya me importa un carajo» 105

LA VIDA MENTAL

6. «Me maravilla mi sabiduría» 121
7. «Entiendo cómo me sirve mi historia» 137
8. «He aprendido a editar mi vida» 159

LA VIDA VOCACIONAL

9. «Me bajo alegremente de la caminadora» 175
10. «Comienza mi experiencia de abundancia de tiempo» 195

LA VIDA ESPIRITUAL

11. «Descubrí mi alma» 211
12. «Siento que me estoy haciendo más completo» 227

Epílogo: por qué hago esto 241
Agradecimientos 247
Bibliografía 251

Introducción: una historia de dos medianas edades

La mediana edad es el Rodney Dangerfield de las etapas de la vida: nadie la respeta.

Me quedé mirando al techo, despierto, en San Francisco, sabiendo que al día siguiente tendría que pelear mis batallas de nuevo, más exhausto aún.

«¡¿Qué me pasa?!» era la pregunta que me perseguía alrededor de los 45 años. Odiaba mi vida, en cierta medida porque cada parte de ella se estaba rompiendo en pedazos. Sin embargo, me aferraba a esos fragmentos como si fueran un salvavidas desgarrado.

Peor aún, me sentía completamente solo, sin saber a dónde ir.

La mediana edad es cuando empezamos a preocuparnos porque la vida no está resultando como esperábamos. Tal vez tenemos una sensación parecida a una oportunidad perdida o a un anhelo frustrado. O tenemos la sensación de que en algún momento traicionamos nuestros principios y ahora vivimos la vida de otra persona. Es cuando podemos mirarnos al espejo y ver a un extraño.

Pero una vez que nos adaptamos a la oportunidad transformadora de la mediana edad, algo profundo y hermoso despierta en nuestro interior. Para mí, esta etapa de la vida ha sido la historia de dos medianas edades: una muy mala, seguida de otra muy buena. La vida sí mejora con la edad.

Creo profundamente que la sociedad no comprende las ventajas de esta etapa. Hemos llegado a pensar (y a aceptar) la noción de que la mediana edad es una trampa de arena interminable en el campo de golf de la vida. El estereotipo más común de la cultura pop sobre la mediana edad es que nuestra única opción es imitar a Kevin Spacey en *Belleza Americana:* comprar un Pontiac Firebird rojo de 1970 y codiciar a la seductora mejor amiga de tu hija adolescente. Lo sé, ¡no suena muy bien!

En resumen, la mediana edad tiene un enorme problema de identificación comercial.

La palabra inglesa *midlife* se remonta a 1818, pero no entró en el léxico de la cultura pop sino hasta mediados de los años sesenta del siglo pasado. Además, era más un rasgo que una etapa de la vida. Sí, había marcadores de la mediana edad en el siglo XX (menopausia, nido vacío, fallecimiento de los padres, vigésimo quinto aniversario en el trabajo), pero también se pensaba que vivir la mediana edad significaba sentirse estancado, aburrido e insatisfecho. De ahí que se viera casi como una aflicción… y como una pésima excusa para comportarnos de forma loca y egoísta.

¿Existe alguna otra época de la vida que esté relacionada de manera tan consistente con el término *crisis*, definido como «un momento de intensa dificultad, problemas o peligro»? Suena terrible, ¿verdad? Sin embargo, es interesante que la palabra *crisis* derive de la palabra griega *krinein*, que significa «tomar una decisión basada en el propio juicio». En otras palabras, tenemos la capacidad de actuar en nuestra vida. Esto arroja una nueva luz sobre la identificación comercial de la mediana edad, ¿no es así? Podría ser que la mediana edad no sea algo que te suceda *a* ti, sino que sea una etapa de la vida que sucede *para* ti, una que le abre la puerta a un mundo completamente nuevo de opciones. ¡Vaya, eso sí que aclaró la situación!

La doctora Becca Levy, de la Universidad Yale, demostró que, cuando nuestra perspectiva sobre el envejecimiento cambia de negativa a positiva, son mejores los resultados de nuestra salud. Tenemos mejor equilibrio, mayor apertura a nuevas experiencias, mejor funcionamiento cognitivo, una vida sexual más satisfactoria, y toda clase de beneficios adicionales.

También demostró que replantear nuestra mentalidad sobre el envejecimiento nos concede siete años y medio de vida adicional. De manera sorprendente, esto supone una mayor longevidad que dejar de fumar o comenzar a hacer ejercicio a los 50 años. ¡¿Dónde están los anuncios de servicio público sobre los beneficios para la salud de replantear el envejecimiento?!

La intención de este libro es que sea tu anuncio de servicio público sobre la mediana edad: una llamada de atención (apropiada si proviene de un exhotelero, ¿verdad?) sobre los placeres y alegrías inesperados de la mediana edad. En promedio, nos volvemos más sabios, menos reactivos, más generosos y felices a medida que envejecemos. Nuestra vida adquiere una rica pátina.

Sé que esto puede sonar blasfemo en nuestra sociedad, donde se discrimina por la edad, pero envejecer puede ser mucho más ambicioso de lo que la mayoría imagina. En lugar de una etapa que uno tiene que soportar, la mediana edad puede ser una época para adorar. En las siguientes páginas aprenderás por qué.

Tu crisálida de la mediana edad

Entonces, ¿cuándo llegas a la mediana edad? Sé que se me acercó sigilosamente como un merodeador en un callejón.

La mediana edad, por lo general, se define como el periodo de los 40 a los 65 años. Un número creciente de investigadores cree que, en tiempos recientes, la mediana edad se ha extendido, ya que muchos jóvenes que se desempeñan en las diversas áreas del conocimiento se sienten obsoletos más temprano debido a la inteligencia artificial, y muchos permanecemos más tiempo en el lugar de trabajo por elección o necesidad. El estudio más concluyente jamás realizado sobre el desarrollo de la mediana edad en Estados Unidos (*Midlife in the United States*, o Midus) analizó a personas de 25 a 74 años.

En mi opinión (y la de un número creciente de sociólogos), en un mundo con cada vez más centenarios, la mediana edad puede extenderse de los 35 a los 75 años. Al igual que la adolescencia es una etapa de transición entre la niñez y la edad adulta, quizá parte del papel de la mediana edad sea constituir una etapa de transición entre la edad adulta y la vejez.

Considero que la mediana edad tiene tres etapas. Durante sus inicios (de los 35 a los 50 años), tenemos la tendencia a atravesar algunas de las transiciones físicas y emocionales más desafiantes, en cierta forma, como una pubertad adulta. Nos damos cuenta de que ya no somos jóvenes, pero tampoco viejos, y podemos sentir, metafóricamente hablando, que es hora de mudar de piel. El núcleo de la mediana edad es la década de los 50 años, periodo en el que nos adaptamos a esta nueva etapa y vemos algunas de las ventajas, sobre las que leerás más adelante en este libro. La mediana edad tardía, que puede abarcar de los 60 a los 75 años, es cuando somos suficientemente jóvenes como para seguir trabajando y llevando una vida muy activa, pero lo suficientemente mayores como para ver y planificar lo que sigue: nuestra tercera edad. A mis 63 años, apenas me estoy familiarizando con esta tercera etapa, pero sé que también es cuando nuestro cuerpo nos recuerda que no quiere que lo olvidemos.

Por supuesto, no todas las personas atraviesan estas tres etapas en la misma línea de tiempo. La mediana edad es menos una etapa que un sentimiento. Y como en cualquier otra etapa de la vida, *tu kilometraje puede variar*.

Taffy Brodesser-Akner es alguien cuyo kilometraje varió de modo definitivo. Es autora de la novela *Fleishman está en apuros* y de la serie de televisión sobre la mediana edad *La nueva vida de Toby*, basada en su novela, y menciona que su crisis de la mediana edad ocurrió antes que en la mayoría de las personas. Como señaló Taffy en el programa de radio *Fresh Air* en Estados Unidos, a los 33 años, con un bebé de un año a cuestas, no había alcanzado el gran éxito profesional que había imaginado para sí misma, el éxito que sus compañeros de la escuela de cine parecían disfrutar. Afirmó: «El comienzo de la mediana edad me golpeó como un camión».

Por otro lado, mi querido padre, Steve, reconoce que su mediana edad duró hasta cerca de los 75 años, cuando él mismo comenzó a desacelerar su carrera profesional.

Sin importar la edad que la defina, para muchos de nosotros la vida comienza a los 50 años. Antes de eso, la vida es tan solo un ensayo general.

Por fortuna, en el diccionario se puede encontrar una descripción de la mediana edad que afirma más la vida. Ve a la letra C y encontrarás *crisálida*, definida como «un estado de transición». Cuando una oruga está completamente desarrollada, utiliza un botón de seda para sujetar su cuerpo a una rama pequeña y luego forma una crisálida. Dentro de esta crisálida protectora, ocurre la magia transformadora de la metamorfosis. Si bien es un poco oscuro, pegajoso y solitario, es una transición, no una crisis. Por supuesto, en el interior hay una hermosa mariposa alada.

Si acudes al llamado de la crisálida, significa que la acumulación incesante (el consumo de la oruga) debe llegar a su fin. Esto significa abandonar mentalidades, hábitos, identidades, historias y decisiones tomadas cuando éramos más jóvenes, que ya no reflejan a la persona que somos o a la que deberíamos ser. Como se rumora que dijo David Bowie antes de fallecer, demasiado joven: «El envejecimiento es un proceso extraordinario mediante el cual te conviertes en la persona que siempre debiste haber sido».

Este es un momento propicio para la introspección, un viaje de la quietud hacia la libertad. Debemos trascender nuestra etapa de oruga si nuestra vocación en la mediana edad es convertirnos en «mariposas».

Una oruga consume; una crisálida se transforma; una mariposa poliniza. La mediana edad acaece cuando gran parte de lo que acumulamos se disuelve, justo antes de que estemos listos para transformar y compartir nuestra sabiduría con el mundo a partir de los 50 años.

El desmoronamiento de la mediana edad

La mediana edad es el inicio de una época de transiciones masivas, una llovizna de decepciones: padres que fallecen, hijos que se van de casa, ajustes financieros, cambios de trabajo, cambios de cónyuge, absurdos hormonales, diagnósticos de salud que nos asustan, comportamientos adictivos que se vuelven difíciles de manejar y el despertar de una creciente curiosidad sobre el significado de la vida. La escritora Brené Brown llama a esta era el «desmoronamiento de la mediana edad».

Descifremos el significado de la palabra *desmoronar*. Mi reacción inicial al escuchar la palabra fue: «¡Caray, no quiero que eso me pase a mí!». Suena como que algo se está destruyendo.

Sin embargo, cuanto más lo pensaba, más sentido tenía la palabra. Experimenté ese desmoronamiento, así como una gran dosis de ansiedad, en la segunda mitad de la década de mis 40 años. Sentía que tenía menos tiempo para «corregir» mi vida del que tenía una década antes.

Entre los 45 y los 50 años, experimenté fracasos en muchos niveles: mi relación de pareja de muchos años se había terminado, mi empresa se estaba desmoronando debido a la Gran Recesión, y mi hijo adoptivo adulto iba a ir a prisión por un delito que no cometió y del que fue erróneamente acusado.

También fue un momento en el que me encontré cara a cara con la mortalidad. Estaba perdiendo amigos y mi salud empeoraba. Mi vida era un gran desmoronamiento.

«Un poco lastimado y muy tenso» fue como me describí ante un viejo amigo apenas un par de semanas antes de tener mi ECM (Experiencia Cercana a la Muerte) a los 47 años. Mi autoestima estaba tan hecha nudos y enredada con la forma en que los demás me percibían que me sentía como el jorobado de San Francisco, y no solo en mi cuerpo físico.

Para muchos, la mediana edad puede parecer una frase interminable sin punto final. Puede ser un momento de profunda decepción con uno mismo y con el mundo. Esta podría ser en parte la razón por la que perdí a cinco amigos varones de mediana edad (la mayoría de 40 y tantos años) por suicidio, justo cuando yo estaba atravesando mis propios desafíos de la mediana edad.

Uno de ellos, Chip Hankins, era mi espejo. No solo compartíamos el mismo apodo preparatoriano, sino que nacimos el mismo año y éramos extrovertidos en público, pero teníamos un lado introvertido y melancólico. Nuestros amigos se sentían cómodos al pedirnos consejos y, de hecho, Chip era una especie de consejero espiritual para mí.

Sin embargo, aunque con frecuencia ayudaba a sus amigos, no admitía que él también estaba en un túnel oscuro creado por su propia mente, y atravesaba en silencio un profundo dolor emocional y físico.

Escuchar «historias de Chip» en su funeral fue surrealista. Sus amigos no hablaban de mí, pero me sentía hiperconsciente de que podría ser el próximo en unirme a ese club de los que se fueron demasiado pronto.

Fue entonces cuando comencé a contarles a mis amigos acerca de mis pesadillas sobre cáncer y accidentes automovilísticos. Me sentía atrapado por el impulso y la monotonía de mi vida, y buscaba una salida. Ansiaba una pausa en la mediana edad, una salida de una autopista interminable en la que sentía que me estaba quedando sin combustible.

Menos de dos meses después del funeral de Chip, experimenté un milagro disfrazado de crisis: una reacción alérgica grave a un antibiótico que estaba tomando por una fractura de tobillo y una infección en la pierna. Morí varias veces en el escenario justo después de dar un discurso en St. Louis.

Mi ECM me ayudó a ver lo inadvertidamente lejos que estaba de aquello que me traía alegría, lo cual era extraño en términos psicológicos para un tipo que había iniciado una empresa llamada Joie de Vivre (La alegría de vivir). Mi sabio y reflexivo amigo Bruce Feiler llama a la ruina de mi mundo un «terremoto de vida». (Disculpa mi franqueza, pero yo lo llamé «una puta mierda». ¡Perdón por las malas palabras, mamá!).

Pero después de atravesar el lado oscuro del inicio de la mediana edad, encontré la luz alrededor de los 50 años. Antes de transcurridos dos años después de mi ECM, vendí mi empresa con el precio más bajo del mercado, terminé mi conflictiva relación romántica, logré que exoneraran a mi hijo adoptivo y lo liberaran de prisión, y me di cuenta de que mi propia idea suicida se basaba en la prisión de mis propias identidades restrictivas. Aunque no fue fácil, pude dejar una profesión que había definido mi identidad durante dos docenas de años: ser el fundador y director ejecutivo de mi empresa de hoteles *boutique*.

Con una nueva y abundante fuente de tiempo, la mayor parte la pasaba en la hamaca de mi patio trasero escuchando a Rickie Lee Jones y estudiando una serie de temas que siempre me habían fascinado: la naturaleza de las emociones, la creciente popularidad de los festivales, la geofísica que crea aguas termales.

Me puse en la mejor forma de mi vida, en parte porque había recuperado mi libertad y estaba listo para empezar a salir de nuevo. Pero también comencé a preguntarme si yo era irrelevante en el mundo laboral. En la película *Pasante de moda*, Robert De Niro afirma: «Los músicos no se jubilan. Paran cuando ya no hay música en ellos». Yo sabía que tenía algo de «música» para compartir, pero no estaba seguro de con quién compartirla.

Por aquella época, a los 52 años, recibí una llamada del cofundador y director ejecutivo de una empresa tecnológica incipiente y de rápido crecimiento llamada Airbnb. Brian Chesky me preguntó si quería ayudarlo a él y a sus cofundadores a «democratizar la hospitalidad». Al principio pensé que el concepto de compartir la casa era una idea terrible. ¡Vaya, cómo me equivoqué! No fui el único hotelero que no vio venir a este disruptor *millennial* mientras se acercaba de forma sigilosa a nosotros.

Decidí participar como mentor interno de Brian y alto dirigente. Más de siete años después, Airbnb se había convertido en la empresa hotelera más valiosa del mundo, y me coronaron como su «persona mayor moderna» porque decían que yo era tan curioso como sabio. Muchas gracias, pero menos de una década antes me sentía como un «fracasado moderno».

Después de mi desafiante transición a la mediana edad, cuando tenía cuarenta y tantos años, descubrí que mi década de los 50 años fue una revelación. Una época en la que me convertí en el hombre que siempre debí ser. No fue una década perfecta, pero fue un tiempo en el que, con alegría, me despojé de muchas de las identidades que ya no me servían. Sentí como si estuviera naciendo a una segunda edad adulta.

En ese entonces, mi curiosidad me llevó una vez más al tema más novedoso que quería explorar: una de las tres etapas de la vida que nació en el siglo XX. Pero, a diferencia de las otros dos (la adolescencia y la jubilación), la mediana edad no se sentía amada ni estudiada. Cuando se estudiaba, más que nada eran hombres analizando a otros hombres. La mediana edad era una etapa de la vida que se encontraba limitada por una mala identificación comercial: «crisis de la mediana edad», un término que había existido durante casi tantos años como yo.

Brené señaló:

> El desmoronamiento de la mediana edad es una serie de dolorosos impulsos unidos por una leve ansiedad y depresión, una silenciosa desesperación y una insidiosa pérdida de control... Es suficiente para volverte loco, pero rara vez es suficiente para que la gente en el exterior valide la lucha o te ofrezca ayuda y un respiro. Es el tipo de sufrimiento peligroso que te permite fingir que todo está bien.

Esta es, en parte, la razón por la que me guardé para mis adentros tanta insatisfacción con mi vida. No quería parecer quejoso e ingrato. Una «crisis de la mediana edad» parece tan condenadamente indulgente con uno mismo, ¿verdad? Por lo tanto, con frecuencia sufría solo, a pesar de que muchos de nosotros (no solo unos cuantos privilegiados) atravesamos lo que yo pasé. ¡Que se termine el silencio! Lo que estamos viviendo es normal.

Muchas veces me pregunto por mis cinco amigos que no se dieron cuenta de que el inicio de la mediana edad, al igual que la adolescencia, es solo un puente sobre aguas turbulentas. Pero no es necesario morir y volver a la vida, como lo hice yo, para darnos cuenta de que este puente conduce a una orilla segura.

Sí, el desmoronamiento de la mediana edad puede ser complicado y requiere una buena dosis de apoyo y amor por parte de quienes te rodean. Pero también te ofrece los primeros indicios de una vida menos ordinaria.

En busca del atrio de tu mediana edad

Ahora tenemos una mayor esperanza de vida. Algunas personas piensan que esto significa que seremos viejos por más tiempo. Pero la antropóloga y escritora Mary Catherine Bateson señala que estamos pensando en esto de manera equivocada. Nuestra longevidad adicional no significa que seremos viejos durante más tiempo, sino que estaremos en la mediana edad durante más tiempo. La mediana edad se ha expandido, igual que nuestra cintura. Ella sugiere que no estamos agregando una extensión metafórica a nuestra casa que consiste en un par de habitaciones adicionales en el patio trasero de la vida. Necesitamos introducir lo que ella llama un «atrio de la mediana edad» que sustente nuestra vida más larga.

Crear un atrio de la mediana edad significa cambiar el plano de toda la casa o el resto de nuestra vida. Esto sugiere que movemos las paredes y, en el centro de nuestra vida, creamos un atrio lleno de aire fresco y luz del sol. En un mundo en el que algunos estiman que la mitad de todos los niños nacidos hoy en los países desarrollados vivirán hasta los cien años, es hora de rediseñar nuestro modelo de vida social creando un espacio para que las personas reflexionen sobre cómo diseñar de forma consciente la segunda mitad de la vida adulta.

Hace más de un siglo, el psicólogo Carl Jung se preguntó: «¿Existen acaso universidades para personas de cuarenta años que las preparen para su vida venidera con sus exigencias, del mismo modo que las universidades ordinarias introducen a nuestros jóvenes en el conocimiento del mundo?». En otras palabras, ¿dónde podríamos encontrar ese atrio lleno de luz? ¿Necesitamos una partera para las revelaciones de la mediana edad que puedan surgir de este atrio?

En cierto modo, el gran volumen de empleados de mediana edad que se tomó un descanso de su trabajo de tiempo completo durante la pandemia de COVID-19 sugiere que está surgiendo un atrio colectivo de la mediana edad. ¡Millones de personas de mediana edad abandonaron sus trabajos y los cubículos que los confinaban y «se fueron al atrio»!

Y cada vez son más las personas que buscan este tipo de espacio de reflexión en compañía de otras. Las redes profesionales entre pares de mediana edad como Chief (para mujeres) y Vistage están incrementando su número de miembros. Los programas de transición de la mediana edad afiliados a universidades, como Stanford (Distinguished Careers Institute [Instituto de Carreras Distinguidas]), Harvard (Advanced Leadership Initiative [Iniciativa de Liderazgo Avanzado]) y Notre Dame (Inspired Leadership Initiative [Iniciativa de Liderazgo Inspirado]) han crecido de manera constante bajo la red flexible de Nexel Collaborative.

F3, una versión de SoulCycle, centro *fitness*, pone a prueba físicamente a los hombres de mediana edad, pero también les permite establecer vínculos emocionales y espirituales. E incluso las comunidades intencionales (un vestigio comunitario de los *hippies* de los años sesenta y setenta) están regresando dentro de una corriente importante, enfocada en las personas de mediana edad que están más interesadas en la pertenencia que surge del «nosotros-nos-cansamos» que en el aislamiento que a menudo surge de la jubilación. ¡Abundan los atrios de la mediana edad!

En los últimos años, he tenido la gran fortuna de trabajar de forma estrecha con miles de personas de mediana edad, cuya edad está comprendida entre los 28 y los 88 años (la edad promedio es 54), que llegaron a la Academia de los

Adultos Mayores (AAMM; en inglés, Modern Elder Academy) para reinventarse y darse un nuevo propósito a sí mismas: crear una vida que sea tan profunda y significativa como larga.

La AAMM tiene tres campus: uno frente a la playa en Baja California Sur (México), otro en una gigantesca comunidad regenerativa y rancho de caballos en Nuevo México (Estados Unidos), de más de mil hectáreas, y el último (que se inaugurará en 2026) en un seminario católico antiguo y centro de retiros histórico en Santa Fe (Nuevo México, Estados Unidos). Nuestra comunidad en línea ofrece inmersiones profundas y experienciales sobre el propósito, las transiciones y otros temas relevantes para las personas de mediana edad.

La AAMM es la primera escuela de sabiduría para la mediana edad del mundo que se dedica a llevar luz y espacio al atrio de la mediana edad a través del «aprendizaje de larga vida». Hemos aprendido que la sabiduría no se enseña, sino que se comparte.

Sumergirnos en una nueva comunidad de personas solidarias de mediana edad que están diseñando de modo consciente la segunda mitad de su vida brinda una oportunidad para la reflexión, la alegría y el crecimiento. Es un campamento de verano para adultos, lleno de frescura y sabiduría. Es probable que este tipo de comunidad de aprendizaje (una forma de educación experiencial repetida) sea cada vez más frecuente a medida que las personas eviten la temida idea de la jubilación y se reinventen para los mejores años que les esperan.

«Tiene que haber más en la vida que esto»

¿Te preocupa no tener opciones, como si hubieras pasado la última salida y no tuvieras más remedio que seguir pisando el pedal a fondo en un coche que se está quedando sin gasolina?

La vida no es un viaje de un solo tanque en el que te llenas de educación, relaciones y una carrera a temprana edad, y esperas que lo que has aprendido y experimentado te proporcione suficiente energía e inspiración para toda la vida. La vida es por lo menos un viaje con dos tanques. Para evitar quedarnos tirados a la orilla del camino, solo tendremos que hacer una parada técnica para llenar otra vez el depósito. Con suerte, esta historia de «lejanas latitudes» te inspirará.

Ang Galloway es una australiana de 53 años que de pronto se encontró en una parada técnica durante la mediana edad. A lo largo de la primera mitad de su vida, siguió un camino bastante trillado. Educación básica seguida de universidad, profesión, matrimonio, hijos y divorcio. Fue un camino que se desarrolló más por defecto que por diseño, uno que ella navegó utilizando los mapas que la sociedad le había trazado en lugar de elegir su propia dirección.

Durante esos años, Ang llegó a correlacionar el dar servicio con el éxito. El problema fue que, después de décadas de priorizar a los demás, al final olvidó cómo complacerse y priorizarse a sí misma. Se había dividido en mil pedazos diminutos, ofreciendo un poquito a todos, hasta que no le quedó nada.

Entonces, la familia a la que había dedicado su vida ya no requirió sus servicios. Uno a uno, se fueron desprendiendo, hasta que Ang se encontró sola, en una vida que no reconocía, una vida que parecía más bien el contorno vacío de lo que alguna vez había sido. Atormentada por el fantasma de la persona que siempre soñó ser, parecía no poder evitar una voz persistente que susurraba: «Tiene que haber más en la vida que esto».

Ang había archivado su ambición juvenil, manteniéndola al alcance, lista para retomarla en el momento adecuado. Hasta que un día despertó y se dio cuenta de que ese «momento adecuado» nunca había llegado, o, si lo hizo, ella no se dio cuenta.

Para entonces, ella había abandonado de forma oficial su antigua vida, pero aún no se había mudado a la nueva. Una parte de ella todavía suspiraba por la familiaridad y la seguridad que habían dado calidez a su mundo durante los últimos veinte años, pero otra parte se sentía liberada y emocionada por las infinitas posibilidades de todas las incógnitas que se desplegaban frente a ella. Ang se sentía agradecida por la vida que tenía, pero también consumida por el anhelo de algo más. Pero ¿más qué?

Sabía que el modelo que había heredado para la mediana edad y para después no reflejaba el que ella quería para sí misma. Sin embargo, no podía articular con exactitud qué buscaba. Todo lo que sabía era que anhelaba redescubrir el corazón silvestre y el espíritu aventurero que habían perdido brillo por las expectativas sociales a lo largo de muchos años.

Ang afirmó:

> Como sociedad, es como si hubiéramos ganado la lotería de la longevidad, pero sin descubrir qué hacer con las ganancias de una vida más larga. Me quedó claro que el mapa de ruta al que había estado haciendo referencia en mi vida se agotó alrededor de la mediana edad. Estaba en un punto intermedio, en una encrucijada que me parecía, al mismo tiempo, emocionante y llena de posibilidades, pero también aterradora y desconocida.

Ang dijo que ya no era quien había sido, pero que aún no se había convertido en quien podría ser. Crisálida, pero aún no mariposa.

Decidió diseñar su propio atrio. «Lo que sucedió terminó siendo menos un plan y más un proceso», recordó. «Un proceso de reinvención y despertar que impulsó la comprensión de que la vida más abundante que anhelaba estuvo latente dentro de mí todo el tiempo, esperando que la volviera a descubrir y liberar».

El tiempo puede ser un dictador, pero también un libertador. Ang creó el espacio para reconocer y celebrar su transición de la edad adulta a la vejez en forma de un Año de Intervalo Dorado. Fue, dijo, «una oportunidad para adentrarme en lo desconocido, llena de curiosidad y asombro, y volver a imaginar cómo podría ser la vida». Así comenzó su peregrinaje desde Sídney hasta un pueblo costero rural en México para unirse a un taller de la AAMM de una semana de duración con un grupo de mediana edad con ideas afines.

Si bien la mediana edad puede parecer un viaje solitario, muchas veces el interior de un entorno social seguro es el lugar en el que podemos construir un espacio para nuevas formas de ser y saber.

¿Cómo puedes encontrar un crisol seguro para conversaciones que te cambian la vida? Una cita que con frecuencia se atribuye a Albert Schweitzer dice: «En la vida de todos, en algún momento, nuestro fuego interior se apaga. Luego estalla en llamas por el encuentro con otro ser humano. Todos deberíamos estar agradecidos por aquellas personas que vuelven a encender el espíritu interior». No tienes que hacer esto solo.

¿Cómo me hago más feliz a medida que envejezco?

Nuestras narrativas sociales y personales sobre el envejecimiento están en desacuerdo.

El mensaje social es que la mediana edad representa el comienzo de una larga y lenta marcha hacia la muerte, llena de enfermedad, decrepitud y desolación. Pero la investigación sobre la vuelta en U de la felicidad (que revisaremos con más detalle en el capítulo 4) sugiere que, después de una caída en la satisfacción con la vida en los primeros años de la edad adulta, que toca fondo entre los 45 y los 50 años, la vida mejora y es más feliz en las décadas de los 50, 60 y 70 años, y para muchos, incluso hasta los 80 y 90 años.

¿Quizá el secreto de la felicidad se materializa de forma casi automática? Amigos, ¡solo tengan algunos cumpleaños más! Eso no es tan difícil, ¿verdad?

En mi blog diario, Wisdom Well, enumero mi docena de razones por las que me siento más feliz a medida que envejezco. Esta lista sirvió como inspiración para los 12 capítulos de este libro, en los que describo las transformaciones físicas, emocionales, mentales, vocacionales y espirituales que atravesamos en la mediana edad. Tengo la esperanza de que este libro sirva como un faro que te ayude a ver el pasaje intermedio como la etapa más transformadora de tu vida. Utilízalo como guía para aprender no solo a amar la mediana edad, sino también para amarte a *ti mismo* en la mediana edad.

Quizá algunos capítulos tengan una mayor resonancia en ti que otros: ya sea que ya no te defina tu cuerpo (capítulo 2), valores tus relaciones con mayor profundidad (capítulo 4), aprendas a dirigir tu vida de manera más rigurosa (capítulo 8) o salgas de la rutina profesional (capítulo 9). No es imprescindible leerlos en orden. Tu viaje a lo largo de este libro, como a través de la vida, es tuyo y tú lo defines. Pero dedica unos minutos más a reflexionar con las preguntas en letra cursiva a lo largo de los capítulos. Piensa en estas preguntas como tu oportunidad de estar en un taller de crecimiento personal.

¿Qué estaría en tu docena de razones sobre lo que mejora con la edad?

¿De qué manera eres hoy más feliz y libre que hace diez o veinte años?

Así como aprendiste a amar las coles de Bruselas y la música clásica a medida que crecías, tal vez sea el momento de aprender a amar también la mediana edad.

LA VIDA FÍSICA

1

«Me queda más vida de lo que pensé»

¿Qué porcentaje de tu vida adulta aún te queda por delante?

En 2018, fui a bucear a Indonesia con mi padre, quien entonces tenía 80 años. Papá aprendió a bucear a los 60 años y se sumergió alegremente más de 2 000 veces durante los siguientes veinte años, muchas de ellas en el Acuario del Pacífico en Long Beach, California, donde nadaba de manera regular con tiburones mientras los espectadores miraban boquiabiertos.

Una mañana, antes de nuestra primera inmersión, realicé un cuestionario de longevidad en línea, cuyos resultados decían que era probable que yo viviera hasta los 98 años. ¡Qué impresionante!, ¿quién lo diría? Y justo cuando estábamos a punto de sumergirnos, sin comentarle que había respondido el cuestionario, le pregunté a mi papá cuánto tiempo creía que él viviría. Reflexionó por un momento y luego, para mi gran sorpresa, dijo ¡«98»! Lo sorprendente de esa predicción es que, de ser cierta, mi papá apenas había vivido tres cuartas partes de su vida adulta. Y a los 57 años, yo no había llegado siquiera a la mitad de mi edad adulta si llegaba a vivir hasta los 98 años. Esta reflexión abrió puertas y posibilidades que han revitalizado mi vida. Desde entonces, he intentado meter la mano (y sobre todo mis toscos pies) en el *surf*, hablo español por primera vez y he practicado *pickleball* (lo sé, se espera que toda persona de 60 años sea un jugador de *pickleball*). Estoy convencido de que estás más dispuesto a probar algo nuevo cuando empiezas a darte cuenta de toda la vida que te queda por delante.

Rocky Blumhagen es un amigo septuagenario de aspecto muy joven que siempre se ha sentido bastante a gusto con su cuerpo. Cree de manera apasionada que todavía está en la mediana edad porque vivirá hasta los 100 años. Rocky está muy enfocado en preservar su cuerpo y su mente. Durante la pandemia, dirigió a un grupo de amigos en Zoom durante 1 000 días seguidos practicando *kundalini yoga*. Pero Rocky nunca había practicado *surf*; al venir a visitarme a México, lo vio como un rito de iniciación. Es muy parecido a aprender a caminar cuando eres bebé. Te levantas; te caes. Te levantas; te caes.

Rocky encontró que la experiencia afirmaba la vida, en especial cuando tenía poco más de 70 años. Pudo aplicar muchos de sus principios de yoga a la experiencia de sintonizarse con una ola. Y el hecho de que hubiera un joven instructor de *surf* detrás de él le recordó que a todos nos hace bien tener una luz guía detrás de nosotros cuando intentamos algo nuevo y desafiante, en especial a medida que envejecemos. Dijo: «El hecho de que estuviéramos haciendo esto como grupo (de todas las edades, colores y tamaños) me dio la comodidad y la fuerza adicionales para volver a subirme a mi tabla después de haberme caído. ¿Por qué no sentimos este tipo de solidaridad al probar algo nuevo a medida que envejecemos?».

Ten paciencia cuando un amigo al final de sus 40 años se lamente por la decepción que siente en la mediana edad y diga: «¿Cómo terminé así?». Luego recuérdale que a esa edad están muy lejos del «fin». No han llegado siquiera al medio tiempo todavía.

Como manifiesta la escritora Jett Psaris: «En la mediana edad, la historia solo está contada a medias». He sentido una impaciencia existencial durante toda mi vida adulta, por lo que saber que es posible que llegue hasta mi cumpleaños 98 me ha ayudado a ser más reflexivo y paciente sobre cómo diseño la segunda mitad de mi vida. A veces me siento como un niño explorando un jardín rebosante.

¿Qué es lo que sabes o has hecho ahora que desearías haber sabido o hecho hace diez años? Dentro de diez años, ¿de qué te arrepentirás si no lo aprendes o haces ahora? ¿Qué te detiene?

Anticipar tu arrepentimiento futuro y tomar medidas para evitarlo es una forma de sabiduría que puedes adoptar en cualquier momento de tu vida.

De una obra de tres actos a una de cuatro actos

¿Sabías que los personajes de *And Just Like That*, la secuela de *Sexo en la ciudad*, tienen la misma edad que las Golden Girls [Chicas Doradas] cuando se lanzó su serie de televisión en 1985? Tres de las Golden Girls tenían alrededor de 50 años. ¡¿Qué diablos?! En la pantalla, ¡Carrie Bradshaw y sus chicas parecen muchísimo más jóvenes que Betty White y Bea Arthur! Los tiempos, las modas y la coquetería han cambiado, ¿no?

Los sociólogos del siglo XX veían la vida como si fuera una obra de teatro en tres actos, o tres conjuntos de 8 000 días. El primero terminaba alrededor de los 21 años, el segundo finalizaba a mediados de los 40 y el último acto concluía alrededor de tu cumpleaños número 65, cuando te jubilabas y probablemente morías poco después.

Pero, hoy en día, si llegas a los 65 años en Estados Unidos, hay al menos un 50% de posibilidades de que superes los 85 años; eso es otro acto u 8 000 días más. Han pasado casi dos décadas.

Hace un siglo, habrías muerto a esa edad. Pero hoy, si vivimos una vida sana a los 50 años, es posible que tengamos otros cincuenta años más. Cuando lo pensamos de esta manera, nos damos cuenta de que el núcleo de la mediana edad no es el principio del final, sino más bien el largo intermedio de una obra de cuatro actos.

¿Por qué subestimamos tanto la cantidad de vida que aún nos queda por delante? En parte, se debe a nuestra mala interpretación de la información sobre la longevidad. Si escuchamos que los hombres estadounidenses tienen una esperanza de vida promedio de 76 años, pensamos que eso significa que vamos a morir en menos de una docena de años (si actualmente tenemos 65 años). Sin embargo, un hombre que cumplió 65 años ya agregó casi seis años a su esperanza de vida en comparación con la que tenía al nacer, por lo que es probable que viva hasta los 82 años, más que nada porque ya sobrevivió a muchos de los riesgos de vida de la juventud y la edad adulta temprana.

Mientras mayor seas, más probabilidades tendrás de superar los promedios de longevidad. Es hora de que mejoremos nuestra «alfabetización sobre la longevidad».

Según un informe de 2023 del Instituto TIAA y la Universidad George Washington, el 53% de las personas de mediana edad encuestadas «trabajan con información inexacta» en lo que respecta a la esperanza de vida. Cuando subestimamos nuestra esperanza de vida, a menudo somos menos optimistas sobre el futuro y tenemos menos apertura para probar algo nuevo. Cuando subestimamos nuestra fecha de vencimiento por una década, no ahorramos suficiente dinero para afrontar los años posteriores a la mediana edad. ¡Ni practicamos *surf* ni ahorramos!

Pero, así como no podemos generalizar sobre cuándo comienza y cuándo termina la mediana edad, tampoco podemos generalizar sobre la longevidad, en especial después de la pandemia, cuando la esperanza de vida disminuyó en gran parte del mundo. Muchas variables influyen en el tiempo de vida, desde la genética hasta la socioeconomía y la ciudad o la zona del país en el que vivimos. En muchos sentidos, nuestra longevidad refleja no solo la salud del país, sino también sus avances científicos, errores políticos y desigualdades sociales.

En la mediana edad, debemos empezar a distinguir entre la esperanza de vida y la duración de la salud. La primera es cuánto tiempo vivimos, lo cual significa *cuán bien* vivimos: cuánto tiempo estaremos libres de enfermedades graves y podremos vivir de manera independiente. Por fortuna, la duración de la salud también está aumentando; de hecho, si vives hasta los 85 años, es más probable que hayas estado activo durante esos últimos 8 000 días. No necesitas envejecer biológicamente tan rápido como lo haces de forma cronológica.

En general, hemos acertado en la parte *cuantitativa* de la ecuación de la longevidad en todo el mundo al haber añadido treinta años al promedio de esperanza de vida durante el siglo XX. Ahora es el momento de lograr tener bien la parte *cualitativa* para que las personas puedan experimentar una vida tan profunda y significativa como extensa.

Dan Buettner, miembro de la facultad de la AAMM, es el autor de la conocida investigación sobre las Blue Zones [Zonas Azules] que se enfoca en cuáles regiones del mundo tienen la mayor longevidad. Él cita las nueve variables que están más correlacionadas con tener una vida larga y saludable, parafraseadas aquí:

1. Muévete de manera natural.
   Las personas más longevas del mundo cultivan un huerto y salen a caminar. No necesariamente levantan pesas.
2. Ten un propósito.
   Tener claro nuestro sentido de propósito puede sumar de siete a ocho años de esperanza de vida.
3. Baja el ritmo.
   Las personas con una larga esperanza de vida (y una prolongada salud) incorporan prácticas en su vida diaria que reducen el estrés y promueven la salud mental.
4. Come según la regla del 80 por ciento.
   Las personas sanas dejan de comer cuando su estómago está 80% lleno.
5. Come vegetales.
   Una dieta basada en vegetales con una cantidad limitada de carne puede alargar tu vida varios años.
6. Bebe alcohol con moderación.
   Las personas en las Blue Zones [Zonas Azules] beben de forma regular y moderada, por lo general, con amigos o comida, o ambas.
7. Sé parte de una comunidad creyente.
   Asistir de manera semanal a servicios religiosos puede aumentar la esperanza de vida entre cuatro y catorce años.
8. Prioriza a los seres queridos.
   Ya sea con familiares de sangre o elegidos, aquellos que llegan a vivir hasta ser centenarios tienen vínculos profundos con sus allegados.

9. Encuentra una tribu saludable.
   Las personas que viven más años prosperan en los círculos sociales que apoyan conductas saludables y un sentido de conexión.

Si actualmente vives en una «zona bla-bla-bla», vivir como las personas de una «zona azul» puede prolongar tu tiempo en el planeta. Solo recuerda que, cuando llegues a la mediana edad, los mismos hábitos que antes provocaban daños poco perceptibles empezarán a pasar factura. La mediana edad es el momento para recordarnos a nosotros mismos que tenemos el poder de influir en cuánto tiempo más viviremos.

La longevidad puede tener más relación con la calidad que con la cantidad

Los estudios de Laura Carstensen, del Stanford Center on Longevity, han demostrado que las personas se hacen más felices cuando saben que tienen un futuro más corto, ya que valoran más cada día. Carstensen también ha planteado el novedoso argumento de que podríamos considerar la posibilidad de abolir la jubilación y, en su lugar, extender los periodos de trabajo, educación y años sabáticos a lo largo de nuestra vida, con lo cual abandonaríamos la tiranía de las tres etapas de la vida (aprende hasta tus 20 años, trabaja hasta los 60 años, jubílate hasta que mueras).

Laura me preguntó hace poco si estaría dispuesto a renunciar a la oportunidad de jubilarme en el futuro a cambio de tener ahora una semana laboral de cuatro días. Esa es una pregunta provocativa y tan perfectamente adecuada para una persona de mediana edad que busca imaginar cómo construir una vida más larga. También vale la pena considerarlo, dada la reciente tendencia hacia un trabajo más flexible.

Es sorprendente cuántos alumnos de la AAMM son *millennials*. Dado que este es un programa con *Elder* [ancianos] en el título. Algunos son veteranos en sus industrias (por ejemplo, un ingeniero de 38 años en Silicon Valley); otros solo están buscando concebir de nuevo el concepto de la mediana edad no como una época de crisis, sino como una época de vocación. Muchos rechazan las tres etapas de la vida y se han convertido en expertos en pensar en su vida como una serie de periodos sabáticos cada diez años, unidos con trabajo entre ellos. Otros ven que no hay necesidad de una crisis de la mediana edad porque nunca se sometieron a las normas, pero también se sienten sacudidos por un mundo menos estable.

Los *millennials* no aprendieron del juego de mesa llamado The Game of Life (El juego de la vida), que era lineal y que yo jugaba de niño, en la época en que parecía que solo había un camino hacia el éxito según los estadounidenses. Ellos revalúan y repiten de forma constante; marchan al ritmo de su propio tamborilero. Muchos se casan más tarde, tienen hijos más tarde, reconsideran la monogamia e integran el trabajo y la vida en formas que los *boomers* nunca imaginamos. Ellos son la generación *carpe diem* («aprovecha el día»). Actualmente, muchos *millennials* apenas están entrando a la mediana edad, y lo hacen de diferente manera.

En cierto modo, desearía poder ser un *millennial* cuando crezca. Hay mucho que puedo aprender de ellos sobre cómo apreciar y optimizar mi vida más larga.

¿Eres «de edad fluida»?

En 1981, una psicóloga de Harvard, Ellen Langer, creó una cápsula del tiempo viviente. Colocó a los participantes de un estudio, la mayoría de entre 70 y 80 años, en un entorno diseñado para que tuvieran el mismo aspecto y las mismas sensaciones que en una época anterior de sus vidas, cuando estaban en la cima de sus carreras profesionales. Todo, desde las conversaciones hasta la ropa y las obras de arte, la comida y la música, provenía de esa época. Durante una semana, vivieron en esta situación como si fuera la realidad. Langer llamó a esto el experimento «contrario a las manecillas del reloj», porque quería ver si al darles a las personas la oportunidad de habitar de forma plena su yo más joven, también lograba retroceder el tiempo en cuanto a la edad que *sentían* tener.

Y así fue. Al final del periodo de una semana, la mayoría de los participantes mostró una marcada mejoría física y cognitiva. La mayoría se dio cuenta de un hecho: que en realidad podían utilizar habilidades que creían perdidas. Mostraron dramáticas mejoras en la audición, la memoria, la destreza, el apetito y el bienestar en general. Fue una poderosa demostración del dicho «La edad es un asunto de la mente sobre la materia. Si no te molesta, entonces no importa».

El otro día estaba dando un discurso y de alguna manera me vino a la mente el término *edad fluida* para describir un mundo en el que en realidad nuestra edad solo está en nuestra cabeza: un mundo en el que el miedo a envejecer no nos define. Un mundo en el que retrocedemos el reloj hacia todas las edades que hemos tenido. En la era de la fluidez de género, ¿es realmente tan difícil la fluidez de edad?

El término pareció resonar entre la audiencia, por lo que, al salir del escenario, hice una búsqueda rápida en Google. *Edad fluida* no aparecía en ningún diccionario, excepto en el Urban Dictionary [Diccionario urbano] *hipster*, que tenía esta definición: «algo que justifica la pedofilia».

¡Vaya!, ¡eso NO fue lo que quise decir! Así que dejé de lado este término por un tiempo. Pero, más tarde, cuando estaba dirigiendo un taller, *edad fluida* volvió a aparecer como en un juego de golpear al topo en un videojuego de maquinita, y la gente volvió a gravitar hacia el término. Entonces, con ese espíritu, decidí darle un cambio de imagen. Aquí va:

Definición: «Edad fluida» (adjetivo). Denota o se relaciona con una persona que no se identifica como persona que tiene una edad fija o es parte de una generación específica. Alguien que es de edad fluida podría haber sido llamado «sin edad» en el pasado. Sin embargo, esa definición («nunca parecer viejo ni envejecer») no encaja en este contexto. El individuo con una edad fluida está perfectamente contento de ser, simultáneamente, más joven *y* mayor que su edad cronológica. Considera las edades (o etapas de la vida) como identidades o disfraces que puede ponerse o quitarse.

Si dudas de la edad fluida, solo debes saber que hay una gran cantidad de empresas emergentes que están creando puntajes de crédito para tu cuerpo. Al registrar la sangre, la orina y muestras de las mejillas, pueden revelar tu edad biológica, que puede ser mayor o menor que tu edad cronológica. Y luego ofrecen un plan de acción con recomendaciones personalizadas de estilo de vida. Así que no te sorprendas si en una entrevista de trabajo un candidato te asegura de manera convincente que su licencia de conducir dice que tiene 60 años, pero su médico demuestra que tiene 45 años.

En una época en la que es probable que vivas mucho más que tus abuelos y tal vez le estés dando la bienvenida a una vida menos lineal, ¿cómo podrías hacerte más «fluido de edad»? ¿Qué pasaría si repensaras los marcadores de tu vida y tus expectativas sobre el momento en que se suponía que sucederían? ¿Qué pasaría si te dieras la licencia para vivir la vida a tu propia velocidad?

Obtener tu maestría en TQ: Coeficiente Intelectual (CI) Transicional

«Los seres humanos somos obras en proceso que piensan de forma equivocada que ya están terminados». Así lo dijo Dan

Gilbert, de la Universidad de Harvard, y estoy de acuerdo. Las personas de todas las edades subestiman en gran medida la magnitud del cambio que atravesarán en sus años venideros. Esto se vuelve incluso más pronunciado a medida que vivimos más años. No estoy seguro de que Rocky te hubiera dicho hace 50 años que estaría aprendiendo a surfear a sus 70 años.

No sé tú, pero nadie me enseñó cómo dominar los cambios en mi vida. Dada nuestra falta de educación, no es de extrañar que todos estemos tan preocupados por las transiciones de la vida. La mediana edad es una época llena de transiciones importantes; algunas son físicas, mientras que muchas otras son psicológicas o espirituales. Por supuesto, cuanto más vayamos a vivir, más oportunidades para las transiciones vamos a tener. Navegar por las transiciones con destreza es una forma de inteligencia y, en la mediana edad, construir nuestro CI transicional (que mis colegas Jeff Hamaoui y Kari Cardinale llaman TQ) es esencial.

Cuando nos resistimos a una transición, en realidad nos estamos resistiendo a una o más de sus tres fases. Podemos resistirnos a *soltar* lo viejo, podemos resistirnos a la confusión del estado *liminar* intermedio (también conocido como la «mitad complicada»), o podemos resistirnos a las incertidumbres de un nuevo *comienzo* arriesgado.

Chris Shore tenía una vida muy estable en los suburbios de Indianápolis. No necesariamente buscaba un cambio en su cómoda existencia. Se había casado con su novia de la preparatoria, con quien tuvo cuatro hijos y, a la edad de 60 años, tenía cuatro nietos. Había sido pastor durante tres docenas de años y, aunque disfrutaba su trabajo, tenía curiosidad por aprender a ser mentor de líderes más jóvenes, razón por la cual llegó a la AAMM. No esperaba que su experiencia marcara un nuevo rumbo en su vida, pero salió de ella con dos nuevas mentalidades: «No necesito ser pastor en una iglesia para cumplir mi llamado, propósito o destino» y «Tomaré medidas para hacer la transición hacia mi siguiente vocación».

Regresó a Indiana reflexionando sobre estas epifanías, pero con rapidez se instaló de nuevo en su vida y, como ocurre con tantos de nosotros, no estaba seguro de querer alterar el curso de su carrera en ese momento particular. Después, en 2021, se vio obligado a afrontar un torrente de transiciones que no había elegido ni para las que estaba preparado: un diagnóstico de enfermedad crónica (Parkinson), un cambio de profesión inesperado y la pérdida de su mejor amigo por cáncer. Estos eventos imprevistos hicieron de aquel año uno de los más desafiantes de su vida. Su fe se puso a prueba, sus perspectivas se vieron desafiadas y sus sentimientos sobre el futuro entraron en un profundo conflicto.

Lo irónico es que había guiado a cientos de personas a través de tormentas similares. Como pastor de toda la vida, tenía mucha experiencia en escuchar, consolar, apoyar y ofrecer consejo a otras personas que enfrentan problemas de salud, circunstancias inesperadas de la vida y pérdidas. Sin embargo, él personalmente había sido bendecido con excelente salud, nunca le habían pedido que dejara su trabajo y no había vivido la pérdida de alguien muy cercano a él desde que sus abuelos murieron, años antes.

Chris quedó sorprendido cuando el nuevo líder de la iglesia decidió eliminar su puesto y darle a la iglesia un giro en una nueva dirección. Estaba en la precaria situación de tener 60 años y estar desempleado, con un currículum que incluía solo el ministerio pastoral en una iglesia. Por fortuna, algunos miembros de su congregación vieron su valor como líder experimentado y ahora trabaja para una empresa en crecimiento. Esta no fue una transición fácil, pero le trajo nueva energía y alegría, y demostró que él podía evolucionar.

A lo largo de la densa niebla del cambio, fue el TQ de Chris el que le ayudó a ver el camino hacia su nueva vida y a despedirse de un pasado que lo había sostenido, pero que ya no lo alimentaba. Si bien todavía desconfía de su estado de salud, planea vivir unas cuantas décadas más, por lo que ser consciente de las tres fases de cualquier transición le será útil el resto de su vida.

De forma inherente, la vida es un umbral apenas perceptible que con frecuencia nos deja sintiendo que no tenemos una base firme. Es incómodo sentir que no tenemos un ancla en la mediana edad, pero eso es normal. La mediana edad es una época llena de sorpresas y desafíos. Sin embargo, aprender a aceptar lo liminar nos abre a tantas opciones nuevas.

Aquí hay tres preguntas a considerar si deseas aumentar su TQ a medida que aumentas tu esperanza de vida:

1. ***¿Qué puedes aprender de tu yo de la infancia?*** De pequeño te las arreglaste para aprender a caminar, y superar la pubertad y el romance (tal vez tu primer amor te abandonó o te sentiste fuera de lugar en un nuevo trabajo). Y sí, te sentiste incómodo durante esos momentos, pero los superaste. ¿Qué puedes aprender de la forma en que los enfrentaste? ¿Eres hoy más capaz de superar tus periodos liminares que cuando eras más joven? ¿Sí? ¿No? ¿Por qué?
2. ***En tus transiciones, ¿estás en la etapa de la oruga, la crisálida o la mariposa?*** Comprender en qué etapa estás te dará la conciencia necesaria de ti mismo para tenerte paciencia. Para la oruga es fundamental hacer un ritual para terminar algo. El tiempo en la crisálida te ayuda a encontrar el hilo narrativo entre lo viejo y lo nuevo y a darle sentido al desordenado espacio intermedio. Aceptar con brazos abiertos lo divertido que es ser principiante es la mejor estrategia para emerger como mariposa y adentrarte en tu nuevo comienzo.
3. ***¿El perfeccionismo o la impaciencia se interponen en tu camino?*** El trabajo del escritor Bruce Feiler muestra que la transición en el adulto promedio toma de tres a cinco años, así que no esperes emerger de la crisálida en una noche. Hay trucos para acelerar el proceso de metamorfosis, pero ser perfecto no es uno de ellos.

«No te rindas en el medio tiempo»

El legendario entrenador de futbol de Alabama, Bear Bryant, dijo: «No te rindas en el medio tiempo». Buen consejo para todos. ¿Cómo te estás preparando para la segunda mitad de tu vida adulta? Si el tema de la primera mitad fue aprender las reglas, ¿la segunda mitad podría ser sobre romperlas? Y una de las reglas clave que hay que romper es la mentalidad social de que la mediana edad es aburrida y sin inspiración. Rompe las convenciones. Rompe con los hábitos. ¡Libérate!

Es probable que vivas un larguísimo tiempo. ¿Cómo podrías diseñar tu vida de diferente manera sabiendo cuánta vida tienes por delante?

¿Estás dispuesto a tomarte un año sabático, al menos una vez por década, hasta el final de tu vida laboral?

Si pudieras volver a la escuela por un año, ¿qué materia estudiarías y cómo podrías utilizar ese conocimiento en tu vida?

¿Cómo vivirías si supieras que solo te restan entre cinco y diez años?

¿Cómo vivirías si supieras que vas a vivir hasta los 100 años?

2

«Qué alivio que mi cuerpo ya no me define»

En cuanto me sentí cómodo en mi propia piel,
se empezó a hacer flácida.

Nuestra obsesión con el envejecimiento está tan enfocada en el físico, en cómo se ve, que no nos preparamos para la manera en que se *siente* la experiencia de la mediana edad.

Envejecer es un privilegio, un regalo del tiempo. Sin embargo, muchos de nosotros centramos nuestras conversaciones de la mediana edad sobre lo que hemos perdido: damos verdaderos «recitales de órgano» sobre qué partes del cuerpo ya no funcionan como lo hacían antes y añoramos nuestra belleza y fuerza física juvenil. Si hiciéramos espacio para envejecer de una forma más natural, libre de las presiones externas sobre cómo nos vemos, ¿cuánto más placentera podría ser la mediana edad?

Reconozcamos que envejecer es algo que hacemos en público. Podemos ocultar otros hechos sobre nosotros mismos, pero llevamos puesta nuestra edad con vergüenza, con orgullo o con retoques. No importa con cuanto ingenio se haya adornado un rostro o se hayan restaurado las entradas de cabello, es obvio para todos que una persona mayor habita esa imagen. Lo que sentimos en cuanto a nuestra longevidad está en exhibición, no solo en nuestros intentos por ocultarla, sino en la manera en que aceptamos o rechazamos nuestros años adicionales. Por supuesto, la mediana edad es la etapa en la que nuestro cuerpo hace notar su presencia en todo tipo de achaques, dolores y condiciones de salud.

Si esto suena terrible, es probable que todavía estés viviendo tu vida en el campo de juego del cuerpo. Puedes juzgar tu valía personal basándote en cómo te veías antes o en cómo piensas que debería verse alguien de 50 años (que es muy diferente de lo que solía ser). Hay muchos otros campos de juego que podrías disfrutar: el campo de juego de tu corazón, tu alma, tu mente, tu comunidad.

Es irónico que en la mediana edad nos sintamos más cómodos en nuestra propia piel justo cuando comienza a hacerse flácida. Esto puede asustar a la gente. Entonces, así como llenamos de manera diligente nuestro calendario a los 30 y los 40 años, algunos de nosotros comenzamos a hacer lo mismo al rellenar cada pliegue en nuestra cara. Parece que no apreciamos que nos ganamos esas arrugas. Déjame contarte la historia de alguien que decidió que ya no iba a jugar en ese campo de juego del cuerpo.

La industria antienvejecimiento de medio billón de dólares

Tara Gadomski es actriz, cineasta y productora de radio. Quizá la hayas visto en *Orange Is the New Black* o en *The Blacklist*. Como alguien que ha trabajado en Hollywood, ella es muy consciente de cómo las mujeres tienen las probabilidades en contra a medida que envejecen.

Tara descubrió que en algún momento cerca de los 45 años dejó de estar aterrorizada por las arrugas. Hasta entonces, había seguido todos los consejos de expertos sobre cómo combatirlas. Algunas reglas eran básicas, como usar siempre protector solar. Otras requerían una inversión un poco mayor, como dormir en una almohada con funda de seda. Luego estaban las reglas que eran extrañas, como colocar cinta adhesiva entre sus cejas mientras estaba en casa, para evitar que su rostro formara cualquier expresión que pudiera, con el tiempo, convertirse en un pliegue.

Ella refirió lo siguiente:

> No hubo un momento de comprensión en particular que me hiciera dejar de tener miedo, sino más bien, fue un despertar gradual a la idea de que nos están contando una narrativa falsa: que el aspecto ideal es joven, delgada, sana y blanca. Y esta narrativa falsa existe para hacernos comprar cosas. En cuanto dejé de tener miedo, me enojé. Me enfurecía que la industria mundial de la «belleza», valorada en 571 000 millones de dólares, me había hecho creer, toda la vida, que

yo era «defectuosa» y que necesitaba «corregirme» con un producto.

Bienvenido al complejo industrial antienvejecimiento obsesionado con mantenernos jóvenes, cuando lo que en realidad importa es continuar siendo útiles. Y, por supuesto, esta industria también podría llamarse antimujeres porque ese es el mercado objetivo, con la diana en la espalda. Es alarmante cómo la edad a la que las mujeres (y los hombres) se inyectan bótox y se hacen cirugías plásticas es cada vez más temprana. Es casi como si el mejor cumplido fuera «No pareces de más de 30 años», por lo que la gente intenta capturar esa época y aferrarse a ella con mano de hierro... o, en todo caso, con cara de hierro.

Reconozcamos también el hecho de que existe un periodo de tiempo cada vez más estrecho en el que a una mujer no se le ve ni como demasiado joven e inexperta, ni como demasiado vieja, acabada, o como que «ya pasó su mejor época». Como señaló una amiga mía: «A los 35 años, la gente no me tomaba en cuenta en mi carrera profesional por ser demasiado joven y, sin embargo, a los 40, ya no pensaba que fuera prudente tener hijos. De alguna manera, se suponía que la totalidad de mi vida adulta tenía que estar incrustada en esos cinco años intermedios. Fue una época en la que estaba estresada y agotada».

Para las mujeres que se acercan a la etapa temprana de la mediana edad, la ansiedad por el envejecimiento puede estar relacionada con el reloj biológico que avanza en su interior. Las investigaciones han demostrado que es probable que sientan que están a tiempo o fuera de tiempo. Los hombres, sin embargo, no tienen la presión de este marcador en el tiempo. De hecho, la sociedad parece apreciar al hombre que está en una búsqueda interior y se está tomando su tiempo para encontrarse a sí mismo antes de establecerse y formar una familia. Pero a la mayoría de las mujeres simplemente no se les permite el lujo de hacer esas cosas a su propio ritmo.

La crisis de la mediana edad masculina es materia de clichés y chistes de trasnochados (no se preocupen, hombres, llegaremos a ustedes en un momento). Sin embargo, se habla mucho menos de la versión femenina. Hay una invisibilidad que muchas mujeres sienten a medida que envejecen. No solo es que las probabilidades de tener citas románticas estén, en general, sesgadas contra las mujeres de mediana edad, sino que también los hombres las perciben con una mirada diferente. Y por muy desagradable que haya sido la atención que recibieron en las décadas de sus 20 y 30 años, su ausencia se siente de manera palpable. Y aunque Hollywood ha calificado a George Clooney y Richard Gere como «zorros plateados», no tenemos el mismo afecto por protagonistas envejecidas. En cambio, siguiendo la misma línea, «leona plateada» no es un término tan común, y muy pocas mujeres aprecian que las caractericen como *cougars*.

Gracias a Dios por Emma Thompson, quien en la película *Buena suerte, Leo Grande*, de 2022, ofrece la historia de una mujer intachable de unos 60 años que se enamora de un guapo y joven prostituto birracial y se da cuenta de que es hora de darle otra oportunidad al sexo. En la última escena de la película, se queda mirándose frente a un espejo, completamente desnuda. Después de admirar su desnudez emocional a lo largo de la película, ver el «cuerpo desnudo» de Thompson no sorprende al espectador. Lo poderoso es cómo puedes sentir su revelación de que su cuerpo ya no la define.

Los hombres no se libran de las indignidades corporales del envejecimiento. Porque la versión masculina de la menopausia, conocida como andropausia, es menos conocida (y menos disruptiva), los hombres tienden a negar todas sus debilidades físicas cuando, en general, son bastante naturales: la pérdida de virilidad, un estómago en crecimiento, quedarse sin aliento al realizar el mismo ejercicio que hacían con tanta facilidad hace diez años. Mientras que las mujeres tienden a expresar sus sentimientos sobre los efectos físicos del tiempo, los hombres los mantienen en su interior.

Demasiadas personas vivimos con un paradigma obsoleto sobre el envejecimiento, basado en la relación con nuestro cuerpo. De acuerdo con esta narrativa, alcanzamos su punto máximo a inicios de la mediana edad, y luego le sigue una larga y lenta podredumbre. Pero en la mediana edad nos damos cuenta de que jugar en el campo de la vida pasó del cuerpo al corazón y el alma. Aristóteles reconoció esta progresión hace mucho tiempo; él creía que el cuerpo estaba perfecto a los 35, y el alma, a los 49 años.

En un inicio, esta fue una pastilla difícil de tragar para mi cofundadora de la AAMM, Christine Sperber, una autodenominada «vagabunda del esquí convertida en cofundadora». Eso es lo que escribió en su biografía durante una conferencia de negocios a la que asistía; pero, a decir verdad, Christine fue una deportista profesional de *snowboard* que esquiaba por dinero. Se ganaba la vida con su cuerpo, con su habilidad física y su fuerza. Hace mucho tiempo que está jubilada, pero todavía se pasea por las pistas. Christine sabe que, para evitar lesiones, tiene que invertir, más que en el pasado, en pilates, estiramientos y entrenamiento de resistencia.

Sin embargo, no es ajena al dolor físico. Cuando era una joven competidora de la Copa del Mundo FIS, estaba constantemente adolorida, porque todos los días se esforzaba más allá de sus límites. Era dolor bueno y valioso. Le pagaban por viajar a lo largo del mundo y vencer de forma regular el dominio de la gravedad sobre su cuerpo impulsándose hacia arriba por una pared de nieve y lanzándose en el aire más allá del borde del medio tubo, a velocidades asombrosas.

Pero a sus 53 años, Christine encontró que el precio físico de la perimenopausia es casi tan desalentador como deslizarse sobre una tabla de *snowboard*. Afectó su sueño, su piel, su cabello, y ha tenido una ola constante de sofocos y migrañas. Y tiene curiosidad sobre por qué nadie habla de esta transición natural que experimentan las mujeres. Se lamentó: «El hecho de que cada mujer que he conocido a lo largo de mi vida haya atravesado esto y ninguna haya emitido ni una palabra ni un susurro sobre ello, que las migrañas sean un síntoma común y que mi médico nunca lo haya mencionado como una posibilidad, me resulta muy impactante».

Ella siempre ha sido su cuerpo. Pero ha tenido que aceptar el hecho de que lo que alguna vez fue su medio de vida es, en la mediana edad, solo un *hobby*. Ella dice que la alegría y la libertad del *snowboard* es inexplicable para los no iniciados, y continuará haciéndolo hasta que ya no pueda. La transición de atleta a persona de negocios de la mediana edad no fue fácil, pero es algo por lo que ella está agradecida. Y continuó: «La «yo» joven atleta podría sorprenderse de que me pagaran por mis ideas: que mi cuerpo, mientras se suaviza, sería solo el portador de mi cerebro, siempre refinándose». La antropóloga Margaret Mead sugirió que esta etapa de la vida podría estar llena de «disfrute posmenopáusico».

Muchas veces pensamos en el envejecimiento como un lento declive del cuerpo humano. Pero tal vez una metáfora más apropiada —como Jane Fonda sugiere— sería «una escalera, que simboliza la ascensión del espíritu humano, que nos lleva a la sabiduría, la completud y la autenticidad».

Yo sugeriría que es una escalera de caracol, que nos permite tener una oportunidad de 360 grados (es decir, sin obstrucciones por los puntos ciegos de nuestra juventud) de convertirnos en «los observadores de primer nivel» de todo lo que hay abajo. Por medio de la fuerza de voluntad, la valentía, la resiliencia, el humor, la conciencia de uno mismo y el apoyo de otros que nos guían —posiblemente con fe—, obtenemos acceso al maravilloso panorama que viene con nuestros años posteriores. Nosotros ganamos esa visión con trabajo duro, sabiduría y nuestra voluntad de seguir escalando.

¿Cuánto te cuesta un *six-pack*?

Cuanto mayor eres, más caro es un *six-pack*.

No, no me refiero a los 10 o 12 dólares que pagas por seis cervezas. Me refiero a los abdominales marcados que nuestra cultura venera. Aquí hay una estadística para todos aquellos que holgazanean en el sillón. Para las mujeres adineradas (que ganan más de 150 000 dólares al año), los abdominales de un hombre son la característica corporal número uno en la que se fijan. Cuando se les pregunta a todas las mujeres, sin importar sus ingresos, los abdominales son más importantes que los ojos, la cara, las piernas y muchas otras partes del cuerpo. Además, los miles de anuncios que muestran a los hombres sin camisa y los chistes despectivos sobre los «cuerpos de papá» también tienen a los hombres de mediana edad preocupados por sus abdominales. No es de extrañar que los hombres se obsesionen un poco con su abdomen a medida que envejecen.

Tengo un amigo (que permanecerá en el anonimato) que casi exclusivamente sumó su peso «COVID-19» en el estómago y estaba obsesionado con ello. Tenía la misión de regresar al abdomen marcado que tenía a los 20 años y sabía que tenía que perder del 10 al 20% de su grasa corporal para llegar ahí. Me tomé la libertad de hacer los cálculos matemáticos por él.

Si perdía del 1 al 2% de la grasa corporal por mes con una dieta combinada y un régimen de ejercicio serio, probablemente tardaría un año en recuperar su *six-pack*. Hace veinte años, le habría tomado la mitad de tiempo, y no estamos hablando siquiera del esfuerzo que se necesitaría para mantener ese peso.

Pero aquí es donde entra en juego el costo real de ese *six-pack*. ¡Mi amigo ya no es divertido! (No te preocupes, él lo sabe). Está obsesionado con su tarjeta de resultados sobre el envejecimiento físico. Ya no se toma una copa con los amigos después del trabajo. Mis llamadas con él por Zoom ocurren mientras hace ejercicio en la caminadora de su casa. Y pasa tanto tiempo pensando en dietas y ejercicio que perdió el interés en una variedad de temas que acostumbrábamos discutir: política, injusticia racial, viajes ¡y dónde conseguir pizza!

El filósofo Henry David Thoreau afirma que «el costo de algo es la cantidad de… vida que se requiere para intercambiarla, ya sea de forma inmediata o a largo plazo». Basándome en esta definición de costo, diría que el *six-pack* de mi amigo está tremendamente caro.

Para ser justos, los hombres tienen un desafío con respecto a la grasa abdominal que las mujeres no tienen. Alrededor del 90% de nuestra grasa corporal es «grasa subcutánea», que es más bien una capa distribuida de modo uniforme. El resto es «grasa visceral», que se encuentra en las zonas más profundas del cuerpo, detrás de los músculos abdominales. Se acumula en la cavidad abdominal y presenta riesgos para la salud más graves que la grasa subcutánea, ya que puede afectar a nuestros órganos. Los hombres tienen más probabilidades de acumular grasa visceral, en especial cuando nuestras hormonas comienzan a cambiar durante la andropausia. Entonces, hombres, vale la pena prestarle atención a esto, pero sin obsesionarse con ello.

No me malinterpretes. Estoy totalmente a favor de mantenernos saludables y vernos bien. Pero, a medida que envejecemos, también debemos recordar que el tiempo es nuestro recurso más preciado y después preguntarnos: «¿Vale la pena el costo?».

La conocida *coach* ejecutiva y escritora Alisa Cohn cree que lo vale. Pero la inversión que hace en su cuerpo no es un proyecto de vanidad; es una cuestión de salud. Al crecer en un pequeño pueblo en Massachusetts, Estados Unidos, ella era una persona que se describía a sí misma como «la clase de chica que se sienta en el sillón a leer». Su mamá tenía sobrepeso, su familia no era activa, y ella creció en una comunidad que se reunía para grandes comidas, no para paseos en bicicleta ni en caminatas. Cuando tenía 17 años, decidió que ella tenía que hacer un cambio. Se puso sus pequeños tenis Tretorn y corrió calle arriba. Tres minutos después, estaba tirada en el suelo de su sala, hiperventilando. Entonces tuvo… digamos, una *relación incómoda* con el ejercicio.

De joven adulta, Alisa comenzó a comprender que tenía el poder de moldear de forma intencional su propia vida. También tuvo la suerte de tener un terapeuta mandón, quien le dijo que tenía que comprometerse a realizar una actividad física rigurosa o consultar a un psiquiatra sobre los antidepresivos. Eligió lo primero. Empezó yendo al gimnasio tres días a la semana, donde aprendió que la actividad física cambiaría de forma fiable el mal humor.

«Una zanahoria me impulsó hacia el ejercicio», recordó. «Me uní a un grupo de corredores y a un grupo de ciclistas. Me encantaba ser parte de esas comunidades, estar afuera, estar en forma. Terminé corriendo tres medios maratones y, después de cada uno, chocaba la mano a nivel emocional con esa adolescente que yacía en el suelo, sin aliento. Fue un triunfo sobre mi pasado».

Alisa tiene razón. El envejecimiento saludable requiere que movamos nuestro cuerpo. Estar en forma es algo más que nuestra salud física; se trata de la capacidad de hacer cosas divertidas durante toda nuestra vida (viajar, dar un paseo por el parque, perseguir a los niños pequeños en el patio), así como actividades esenciales como llevar la despensa hacia la casa, palear o barrer el camino de entrada y subir tres pisos de escaleras si el ascensor está descompuesto.

Esta es quizá la pregunta más importante de este capítulo. Responde con honestidad, por favor. ¿Qué está impulsando la inversión en tu cuerpo? ¿Estás invirtiendo en tu salud a largo plazo o en tu vanidad a corto plazo?

Maduresencia: el corolario adulto de la adolescencia

Déjame presentarte una palabra que probablemente nunca hayas oído mencionar, aunque es muy relevante para lo que pasa con tu cuerpo en la mediana edad.

Los respetados gerontólogos Ken Dychtwald y Barbara Waxman han popularizado la palabra en inglés *middlescence** para describir la etapa de la vida que surgió como resultado de patrones de mayor longevidad en el siglo XXI.

La última vez que una palabra, cuyo significado describe una etapa de la vida, entró en el léxico global dominante fue en la década de 1890, cuando *adolescencia* comenzó a ser parte del debate popular. En 1904, el psicólogo G. Stanley Hall publicó un libro titulado *Adolescence*, en el que describe la adolescencia y los primeros 20 años como una época de «tormentas y estrés». Hoy reconocemos la adolescencia como una época en la que experimentamos transiciones importantes, tanto en lo físico (pubertad) como en lo emocional (nuestra percepción de quiénes somos y cómo vemos el mundo). En siglos anteriores, la sociedad apresuraba a los niños a convertirse en adultos, lo que ahora parece una edad alarmantemente temprana; casamiento, bebés, y el trabajo agrícola o un trabajo en una fábrica, todo podía ocurrir antes del final de la pubertad. Por fortuna, ahora vemos la adolescencia como un curso preparatorio necesario y natural para la edad adulta.

Tal vez sea hora de repensar de manera similar la mediana edad, una época en que nuestro cuerpo (y nuestra identidad) cambia una vez más. Como lo hicimos en nuestra

* En español, esta palabra tiene un equivalente muy extendido en la psicología y el psicoanálisis, *madurescencia*, aunque el concepto aún no ha sido registrado por ninguna academia. *[N. de la t.]*.

adolescencia, pasamos por una profunda crisis física, transiciones hormonales, emocionales y existenciales durante esta época. Gran parte de los cambios se enfoca en nuestro cuerpo.

La maduescencia es una época de finales y comienzos. Mientras que tenemos todo tipo de rituales para apoyar y reconocer a los adolescentes durante su etapa de transición en la vida (bar/bat mitzvás, comunión, fiesta de quince años, graduación de preparatoria, etc.), se brinda poco para la maduescencia. ¿Dónde están las ceremonias de la mediana edad o las oportunidades de celebración para marcar nuestro paso, hacernos un espacio para reflexionar y revisar nuestras experiencias de vida, a fin de poder reutilizarlas de nuevas maneras?

En cuanto a la sexualidad, la maduescencia también puede ofrecer nuevas experiencias. Para algunos, es un alivio el hecho de que ya no existe el riesgo de un embarazo no deseado. Para algunos hombres, es cuando sienten que los han dejado salir de la prisión de testosterona. Para otros, la sensualidad comienza a surgir como el inesperado «compañero de cama». Y aún hay otros que descubren que llegó el momento en el que su habilidad para complacer a las personas, la cual practicaron durante un largo tiempo, cierra el círculo para llegar a ellos mismos.

El escritor John Updike sugiere que la mediana edad está marcada por «egos insaciables y genitales viables» que pueden conducir a un adulterio rampante. Pero tal vez esa sea una visión inmadura de la maduescencia. La mayoría de las veces, esta es una etapa en la que nos adaptamos a un ritmo menos performativo y más relajado con la pareja.

Muchos de nosotros tenemos la idea equivocada de que la biología es el único predictor de la salud sexual a medida que envejecemos, por lo que recurrimos a las hormonas y a medicamentos recetados. Pero la conciencia de nosotros mismos y el deseo de establecer contacto en un nivel más profundo e íntimo —que viene con la edad— pueden crear una satisfacción sensual aún mayor que la que experimentamos antes en nuestra edad adulta.

La maduresccencia puede ser la primera vez en tu vida en la que te enamoras de tu cuerpo tal como es.

¿Me está fallando mi cuerpo o le estoy fallando a él?

No puedo decir que me haya enamorado de mi cuerpo en los últimos años, ya que la pregunta que me ronda por mi cerebro ha sido «¿Soy la víctima o el perpetrador?». Durante los más de cinco años de mi viaje contra el cáncer de próstata, me di cuenta de que mi relación entre la víctima (yo) y el perpetrador (la enfermedad) es codependiente.

Tenía una salud excelente en apariencia cuando recibí la noticia de que tenía cáncer de próstata en etapa intermedia en 2018, es decir, surgió como sorpresa. Mi respuesta inmediata fue pasar el siguiente año tratando de ser un héroe para mi cuerpo: trabajando con un doctor de medicina funcional, cambiando mi dieta, yendo a un spa de limpieza y ayuno durante una semana, bebiendo jugo verde, tomando suplementos cada mañana y haciendo más ejercicio y más meditación. La buena noticia es que mi cáncer quedó inactivo y, aparte de la vigilancia activa mediante pruebas periódicas, la tumultuosa relación entre mi cuerpo y la enfermedad se volvió excelente.

Después llegó la pandemia y todas las apuestas se arruinaron. Empecé a comer demasiado chocolate amargo y a beber también demasiado alcohol como mecanismo de afrontamiento durante un momento estresante. También me volví moroso con mis pruebas de próstata porque, bueno, mi médico estaba en San Francisco y yo estaba atrapado en el paraíso (Baja California), dadas las restricciones de viaje. Más que nada, olvidé que la comida y la bebida son una forma de medicina. Para no hacer larga la historia, tres años después de mi diagnóstico, mi cáncer comenzó a crecer de nuevo, lo que me llevó a una cirugía en la que perdí la mitad de mi próstata, seguida de un régimen de salud revitalizado.

Después de la cirugía, cuando me dijeron que solo había una probabilidad de 1% de que el cáncer hiciera metástasis dentro de los cinco años siguientes, sentí que podía volver a deslizarme un poco… hasta que me enteré, 15 meses después, de que el cáncer se había extendido a mi sistema linfático. Entonces llegó el momento de la terapia hormonal y de extirpar el resto de mi próstata. Habría sido fácil tener resentimiento o sentirme enojado con mi cuerpo por fallarme, pero hoy, estoy menos enfocado en quién tiene la culpa y más en un enfoque de verdad y reconciliación para restaurar mi salud. Mi cuerpo y yo estamos en una sociedad.

Me convertí en un testigo iluminado del deterioro y la regeneración de mi cuerpo. La sociedad considera que el envejecimiento es lineal (un descenso largo y lento), pero en realidad es cíclico, ya que nuestro cuerpo se regenera de forma constante. Nuestra piel se renueva cada mes; nuestro revestimiento del estómago, cada cinco días. Nuestro cuerpo se reconstruye cada año en función de cómo lo tratamos.

He aprendido que el cáncer puede tener un lado positivo. Puede convertirse en un rito de iniciación, una invitación a una forma de transformación de uno mismo. En lugar de ver mi cuerpo como un vehículo de vanidad, es decir, la manifestación física de mi ego, ahora lo veo como un mejor amigo en quien confío. No siempre estamos sincronizados, pero asumo las mejores intenciones de mi cuerpo, y él me hace responsable cuando lo descuido. No es una máquina para optimizar, sino un amigo para ser amado.

¿Qué pasaría si tu cuerpo no estuviera en guerra contigo? ¿Qué pasaría si tu cuerpo fuera tu maestro más sabio, el que te guía hacia las verdades que necesitas aprender? Antes de acostarte cada noche, tal vez puedas preguntarle a tu cuerpo sabio: «¿Cómo puedes enseñarme a vivir una vida mejor?».

Creando una nueva relación con tu cuerpo

Así que has pasado la mayor parte de tu vida creando el contenedor (tu cuerpo) que define cómo te ves a ti mismo y cómo te ve el mundo. Es hora de darte cuenta de que eres más que tu cuerpo y tu apariencia. Sí, los demás pueden notar más tu envejecimiento que tú, en especial cuando te presentas en tu primera reunión de compañeros de universidad después de una década. ¡¿Y qué?! Todos los demás en esa reunión están en un viejo barco que rechina, igual que tú.

Como comentamos antes, dada la cantidad de vida que aún te queda por delante, no te olvides de tu cuerpo, pero tampoco te obsesiones al respecto. Piensa en las actividades que quieres realizar cuando tengas 90 años y luego reconoce que, si eso requiere fuerza física y agilidad (lo cual suele ser el caso), necesitas empezar a entrenar ahora.

En resumen, ama tu cuerpo. Es un vehículo rentado que te entregaron al nacer, y es posible que tengas todavía entre cuarenta y cincuenta años por delante.

Eso es mucho kilometraje para tu vehículo averiado. Algunos de nosotros mantenemos nuestro vehículo con cuidado amoroso y precisión, mientras que otros conducen como en la carrera de automóviles todoterreno Baja 1 000. En el camino, todos necesitamos algunas paradas técnicas, así como un equipo hábil de carretera para cualquier condición que podamos enfrentar.

Pero, así como un coche se deprecia con el tiempo, también lo hace tu cuerpo. La naturaleza lo recupera a medida que envejeces; es decir, está haciendo valer su derecho a descomponerte. No es una maldición. Puede incluso ser una bendición, ya que te ayudará a tener muchas más experiencias que los placeres corporales y la mirada egoica en el espejo. La belleza va más allá del nivel superficial. Y como veremos en los siguientes capítulos, nuestras emociones y nuestras relaciones nos sostendrán durante los años posteriores.

LA VIDA EMOCIONAL

3

«Me hago amigo de mis emociones»

A medida que envejecemos, la verdadera belleza se desplaza del rostro al corazón.

Cuando era más joven, detestaba dos ideas: estar *satisfecho* y *establecido*. Me parecía que ambas implicaban una concesión. Buscar la satisfacción y la comodidad me sonaba tan estúpidamente normal. Y eso me recordaba algo que mi radical profesor de Historia, de primero de preparatoria, me había enseñado: «El confort genera apatía». Así, sentirse cómodo me sonaba como lo que sucede en un ataúd, pero de este lado.

Hace poco me di cuenta de que la felicidad está en el campo de juego de la juventud, y la satisfacción (incluso la alegría) es la recompensa de la vida posterior. Recuerdo una inscripción que aparece en una cuenca de piedra del siglo XVII en Kioto, Japón, traducida a veces como «Lo que tengo es todo lo que necesito» o «Estoy contento con lo que soy». La felicidad no es lo mismo que la alegría; como escribió J. D. Salinger, quien vivió hasta los 91 años, «la felicidad es un sólido y la alegría es un líquido». La felicidad se basa con frecuencia en circunstancias externas, pero la alegría brota desde tu interior.

La mediana edad es cuando empezamos a darnos cuenta de que la felicidad no consiste en la gratificación de nuestros deseos. Es una decisión tomada en la mente, no en el gimnasio. Cuando se trata de nuestra «búsqueda de felicidad», no siempre apreciamos o nos deleitamos con lo que ya tenemos. En la primera mitad de nuestra vida, por lo general buscamos la gratificación en lugar de practicar la gratitud.

Las investigaciones han demostrado que nos sentimos más satisfechos con la vida después de los 50 años. Y esto no es algo que solo suceda en Estados Unidos, ya que los investigadores descubrieron que esta curva en U de la felicidad es casi universal en todos los países. No es porque todos nuestros problemas se disuelvan por arte de magia, sino porque aprendemos a fluir con los golpes, a aceptar con gracia los ataques inesperados de la vida y a no tomarlos como algo personal. Nuestra obsesión por «más, más, más» ha disminuido. En su lugar, hay una capacidad para dar la bienvenida a la alegría de los regalos más simples: la sonrisa de un extraño, un nuevo libro en nuestra mesita de noche, un gesto considerado de algún amigo o de nuestro cónyuge.

Cinco señales de que tu CE (Coeficiente Emocional) está mejorando con la edad

¿Y si el secreto para ser más feliz fuera solo lograr ser más viejo? Suena absurdo, ¿verdad?

La sociedad nos dice que la mediana edad es una época de arrepentimiento, frustración y tristeza. Pero la realidad es que, a medida que envejecemos, sentimos *menos* emociones como estas. ¿Quién diría que los ciclos vitales de felicidad y satisfacción eran tan naturales y predecibles?

¿Por qué la curva de felicidad disminuye desde la edad adulta temprana antes de volver a elevarse alrededor de los 45 a 50 años? La etapa inicial de la mediana edad a menudo puede parecer menos una crisis y más como un circo: los platos giratorios; los niños quejándose y los padres moribundos; las dificultades profesionales; no hay tiempo para amigos, para divertirse o retozar (en especial en la habitación). Podemos comenzar a sentir que necesitamos toda una tienda de contenedores para nuestras malditas emociones.

Pero al mismo tiempo, al fin tenemos las herramientas para manejar lo que la vida nos presente. A los 50, nuestro CE es más alto que nunca. Hemos visto suficientes buenos y malos tiempos para entender qué habilidades de afrontamiento nos funcionan mejor. Ya empezamos a practicar rituales de «psicohigiene»: formas de vida que limpian nuestra mente y nuestro corazón. Nos damos cuenta de que somos más resilientes de lo que jamás hubiéramos pensado. En el mejor de los casos, ya aprendimos a bailar con nuestras emociones en lugar de meterlas en un cajón.

El psicólogo Robert Levenson, de la Universidad de California en Berkeley, es uno de numerosos académicos que ha demostrado que, si bien el coeficiente intelectual se mantiene relativamente estable durante la edad adulta, el CE aumenta con el tiempo. El equipo de Levenson analizó a un grupo de individuos, cuyas edades estaban comprendidas entre los 20 y los 60 años. Les pidió que vieran una serie de videoclips, diseñados para provocar emociones como disgusto y tristeza, y que luego trataran de modular sus emociones, como respuesta a los clips desagradables o desgarradores, ya fuera permaneciendo impasibles o tratando de ver el lado positivo de lo que apareciera en pantalla.

¿Qué grupo de edad fue más capaz de aprovechar sus respuestas emocionales?

Los investigadores encontraron que, cuanto mayor era el participante, mejor era su capacidad para reinterpretar las escenas de formas positivas (una técnica llamada «revaluación positiva») y para procesar de modo activo las emociones que les provocaron los videoclips: un signo distintivo de la inteligencia emocional. Eso es porque, como él lo explica: «La evolución parece haber sintonizado nuestro sistema nervioso en formas que son óptimas para este tipo de relaciones interpersonales y actividades compasivas conforme envejecemos».

Además, David Almeida, psicólogo de la Universidad Estatal de Pensilvania, ha estudiado los factores estresantes diarios de más de 3 000 adultos durante los últimos treinta años. Demostró que las personas en la edad adulta temprana pueden reportar factores estresantes en al menos del 40 al 45% de los días, pero cuando llegan a la etapa posterior de la mediana edad, esto disminuye entre el 20 y el 25% de los días. Parte de esto se debe a nuestra capacidad para replantear y digerir nuestros desafíos normales del día a día.

Bien, ahora pasemos de los científicos a los profesionales (en otras palabras, a nosotros). Compartiré mis observaciones sobre cómo mi CE ha crecido con la edad, permitiéndome ver mis emociones como amigas y no como enemigas:

1. **Siento más compasión por los demás.** A medida que envejezco, me he suavizado… y no solo alrededor de mi estómago. Mis experiencias son menos de ego y más de alma. Y siento con mayor profundidad las circunstancias de la vida de los demás. Por fortuna, puedo dirigir una parte de esa compasión hacia mí también.
2. **Soy menos reactivo emocionalmente y más fluido en mis emociones.** Cuando era más joven, tenía una especie de vértigo emocional; de forma constante, mis emociones me hacían sentir desequilibrado e intranquilo. No sabía cómo bailar con ellas. De hecho, con frecuencia intentaba irme corriendo y dejarlas atrás. Hoy tengo más fluidez emocional y mis emociones se han ido moderando, en parte porque he aprendido a no preocuparme por las cosas pequeñas. Al igual que los participantes mayores en el estudio de

Levenson, soy capaz de «revaluar de manera positiva» las experiencias negativas, como quedar atrapado en el tráfico en un Uber (interpretación: gran oportunidad para meditar). Al mismo tiempo, mi mayor capacidad para reconocer mis patrones, hábitos y tendencias me permite observarme de modo más efectivo.

3. **No me tomo las cosas de forma tan personal.** Don Miguel Ruiz, autor de *Los cuatro acuerdos*, afirma: «Una inmensa libertad llega a ti cuando no tomas las cosas de manera personal». Esta habilidad es valiosa particularmente en nuestra era polarizada de «la cultura de la cancelación».
4. **Entiendo mejor cómo crear mis hábitats ideales.** Los sociólogos llaman a esto «dominio del entorno», la capacidad de determinar en qué entornos uno prosperará y la capacidad de ajustarse y adaptarse a los cambios en esos hábitats. Esto también responde por qué, en el lugar de trabajo, se ha descubierto que las personas mayores crean mayor «seguridad psicológica» en los equipos: porque su dominio del entorno, combinado con su compasión, les ayuda a crear las condiciones adecuadas para el florecimiento del equipo.
5. **Valoro más las relaciones.** Se ha dicho que las dos preguntas que la gente plantea en su lecho de muerte son: «¿Amé bien?» y «¿Fui bien amado?». El estudio longitudinal Harvard Study of Adult Development [Estudio Harvard sobre el Desarrollo de los Adultos] y las investigaciones sobre las Blue Zones [Zonas Azu-

> les] muestran de manera concluyente que las relaciones que cultivamos en nuestra vida pueden en realidad aumentar nuestra esperanza de vida. Hablaremos más sobre esto en el siguiente capítulo.

Por supuesto, siempre hay casos atípicos. Prueba A: tu tío eternamente malhumorado de 75 años. Pero él es una excepción, no la regla. Las investigaciones muestran que, si te enfocas en desarrollar tu inteligencia emocional, también desarrollarás una *mejor calidad* de vida. Y eso es algo que todos podemos apreciar, en especial conforme envejecemos.

Vivir con un amplio margen de error

Cuando somos jóvenes, tendemos a vivir nuestra vida dentro de un minúsculo margen de error. Sobrestimamos el costo del fracaso (en especial el propio), y nos refugiamos en una mentalidad fija. En la mediana edad, muchos por fin aprendemos a ser más tolerantes. Ya no nos negamos a participar en juegos que no estamos seguros de ganar. Podemos enfocarnos en *mejorarnos* a nosotros mismos en lugar de solo *demostrar* que podemos lograr algo.

¿Creciste pensando que tu éxitos y fracasos te definían? Sé que yo lo hice. Gran parte de mi autoestima adolescente surgió de mis logros. Por supuesto, en ninguna edad es saludable vincular tu autoestima con tu éxito, pero a medida que envejecemos, hacerlo se vuelve aún más traicionero. Si solo juegas en aquello que puedes ganar, tu arenero se reduce cada vez más.

Se han realizado importantes investigaciones que demuestran que tener una mentalidad de crecimiento es una de las claves para lograr un envejecimiento exitoso. Para quienes tienen una mentalidad de crecimiento, el éxito no se define por ganar, sino más bien por aprender. Una mentalidad de crecimiento facilita la búsqueda, la exploración y el disfrute de nuevas experiencias. Es el antídoto para el aburrimiento de la mediana edad.

Tener una mentalidad de crecimiento también puede ser útil en nuestros rituales diarios comunes. Por ejemplo, en relación con el sueño, estuve atrapado en una mentalidad fija durante décadas: «Soy alguien que nunca duerme bien». Cuando tenía cincuenta y tantos años, probé una mentalidad de crecimiento: «Me pregunto qué podría ayudarme a dormir mejor». Ahora duermo todas las noches más de una hora adicional respecto de lo que solía, gracias a algunos suplementos naturales útiles, como el magnesio y la melatonina, y a mejores prácticas de sueño (acostarse alrededor de la misma hora, tanto entre semana como en fines de semana).

Jonathan Rauch señala, en su ensayo «The Real Roots of Midlife Crisis» [«Las verdaderas raíces de la crisis de la mediana edad»] lo siguiente:

> A los 40, descubrí que estaba comparando de manera obsesiva mi vida con la de otras personas: me calificaba y me juzgaba a mí

> mismo, y contaba las formas en que me había quedado atrás en una carrera imposible de ganar: «¿Por qué no tengo tantos ceros en mi cuenta bancaria como Jeff Bezos?» o «Barack Obama es más joven que yo, ¡y mira dónde está!».

Puedo entenderlo porque me ha pasado. Una de mis mayores lecciones de la mediana edad es que esa comparación es la receta para el sufrimiento; es decir, hasta que una mentalidad de crecimiento me ayudó a quitar la calcomanía de mi mente que decía que yo era malo en yoga.

Aprendí a meditar cuando tenía poco más de 20 años y atravesaba una época estresante. Adopté la meditación de inmediato, en parte porque me resultó fácil cerrar los ojos y habitar mi mundo interior. El yoga, por otro lado, fue una lucha para mí durante décadas, más que nada porque para esta actividad mis ojos estaban abiertos, mirando un salón lleno de yoguinis de California que parecían capaces de colocar las piernas detrás de la cabeza estando de pie. Me sentí como un «Chip superior rígido»: más pesado que flexible.

Hace algunos años me di cuenta de lo que desencadenaba mi mentalidad fija de «Soy terrible para el yoga». Era la comparación social: cómo fijaba mi atención en los demás, no cómo me sentía dentro de mi propio cuerpo. Entonces, durante los últimos años, he estado tomando clases de yoga de forma individual con nuestro profesor de *mindfulness* de la AAMM, Teddi Dean, en mi casa. Nadie me mira, salvo Teddi y mi perro Jamie, que no desencadena esa inseguridad particular a pesar de su dominio de la posición del perro bocabajo. Ahora me siento mucho más cómodo y menos cohibido, incluso en una clase de yoga con otras personas. Además, estoy menos concentrado en esforzarme en que «se vea bien».

Douglas Tsoi, de 50 años, fundador de la School of Financial Freedom, ha tenido una carrera poco convencional, que abarca desde derecho corporativo hasta dirección espiritual. No hace mucho compartió una revelación que tuvo mientras se estiraba después de un partido de futbol, recargándose en su perro y tomando el sol. Estaba muy agradecido por lo que la vida le había brindado: seguridad financiera, un cuerpo que funcionaba bien y tiempo para disfrutar la vida, tiempo para aprender y hacer cosas importantes, disfrutar comidas deliciosas y amar la belleza de vivir en el Pacífico Noroeste de Estados Unidos.

Él refirió lo siguiente: «Me di cuenta de que MI trabajo es estar agradecido por MI vida, por todo lo que tengo». Fue la «particularidad» de su gratitud —dijo— la que lo protegía de la envidia o del orgullo.

¿Cómo se sentiría un «Día sin envidia ni comparaciones»? Un día en el que te reconcilies con los regalos de tu propia vida, sin que te importe en absoluto cómo eso se compara con los demás. Si puedes reunir un día de felicidad, tal vez puedas estirarlo a una semana, un mes, un año o toda la vida. Una manera de reunir algo de gratitud es preguntarte: «¿Quién hizo posible que yo sea quien soy y haga lo que estoy haciendo ahora mismo?».

Gratitud sin autocrítica: una receta para una vida llena de satisfacción.

Convertirte en quien debes ser

Isidra Mencos es una mujer hispanoestadounidense que se sintió perdida a inicios de su mediana edad. Nació y creció en Barcelona, España, donde pasó la década de sus veinte experimentando con las nuevas libertades que brindó el fin de la dictadura de Franco. Ella estaba —en sus propias palabras— «brincando de hombre en hombre y de trabajo en trabajo». Laboró de forma independiente para prestigiosas editoriales, viajó por el mundo como guía turística y trabajó para el Comité Olímpico.

En 1992, llegó a Estados Unidos para cursar un doctorado en Literatura Española e Hispanoamericana Contemporánea. La aceptaron varias universidades y eligió Universidad de California en Berkeley, porque sonaba bohemia. Después de graduarse, dio clases, trabajó por cuenta propia y se desempeñó como directora editorial en una empresa. Pero ninguno de sus trabajos era en realidad satisfactorio, ya que se sentía desconectada de su vocación.

Isidra sentía que siempre llegaba tarde a todo lo importante, a pesar de que era puntual de forma obsesiva en su vida cotidiana. Se convirtió en una adolescente rebelde a principios de su década de los 20 años (una década tarde), después de una adolescencia bastante apacible. Logró lo que ella llamaba «una verdadera carrera» hasta algunos años antes de cumplir 40. Cuando se casó, la mayor parte de sus amigos de la infancia ya habían estado casados durante más de una década; cuando ella se convirtió en madre, los hijos de sus amigos ya estaban en secundaria. Ella todavía era una «escritora emergente», mientras que sus amigos escritores de juventud descansaban en los laureles de sus premios literarios. La comparación podría haber sido su receta para el sufrimiento.

En lugar de ello, consideraba su tardío florecimiento como un regalo, una oportunidad prolongada de aprender acerca de quién estaba destinada a ser. Algunas de estas ideas llegaron a través de sueños, conflictos o tensiones, sincronicidades y meditación, e incluso a través de algunos desafíos de salud.

Ella me contó una historia:

> Tuve una visión cuando tenía poco más de veinte años. Vi a un viejo hombre chino con una larga y ondeante barba, y cabello blanco, escalando una montaña. Cuando llegamos a la cima, tocó su flauta. La hermosa melodía ascendió a las nubes, voló hacia los picos de las montañas circundantes, y fluyó en cascada hacia el valle de abajo. Supe al instante que este hombre era yo y que la música era mi escritura. Estaba destinada a compartir mi voz y mi arte con el mundo. Pero me resistí a mi llamado, y lo enterré a gran profundidad en mi sombra. Tenía miedo de ser rechazada y no escuchada.

Solo en la mediana edad, Isidra tuvo la inteligencia emocional y la valentía para convertirse en la escritora que siempre había estado destinada a ser. Sí, a veces se arrepiente de no haber encontrado la verdadera voz de su escritura antes, pero ella afirma que tiene mucho más que decir ahora que ha vivido una vida más experimentada. Un poético pensamiento atribuido con frecuencia a Anaïs Nin le recuerda que florecer tarde es mejor que no florecer en absoluto: «Llegó el día en que el riesgo de permanecer oprimido en el brote se volvió más doloroso que el riesgo que implicaba florecer».

Conocer tu propia mente y tu corazón es tu superpoder

Después de toda una vida de estar unido a Chip como siamés, me he convertido en un experto en mis propias emociones. La inteligencia emocional puede ser un tema embriagador; pero, al final del día, solo significa que nos convertimos en sabios consejeros, mejores amigos y parejas, tanto para nosotros mismos como para los demás.

La máxima habilidad de la mediana edad es saber lo que quieres de la vida. Pasamos gran parte de nuestra primera mitad de la edad adulta realizando una prueba de sabor de la vida, basada en la sabiduría convencional, las presiones sociales y las obligaciones familiares. No es de extrañar que tomemos tantas decisiones mal orientadas sobre el amor, el trabajo, la familia y los amigos durante toda nuestra década de los 40 años.

Comprender lo que en realidad quieres te llevará más lejos en la vida que el talento o el trabajo duro; porque te brinda el poder y la capacidad de actuar, y cuando sientes esa clase de influencia en tu vida, puedes manejar la decepción cuando esta llega a surgir, porque te das cuenta de que actuaste conforme a tus propios términos. Una vez que sabes lo que quieres *de* la vida, estás en mejores condiciones para devolverle algo.

Gran parte de la forma en que vivimos nuestra edad adulta temprana ha sido prescrita por otros. Yo crecí con los Diez Mandamientos como mi guía para «vivir una buena vida», y supongo que muchos lectores también lo hicieron. Siempre me parecieron muy negativos. Muchos «no debes». De hecho, ocho de los diez nos señalan lo que NO debemos hacer.

Entonces, basándome en mi nueva comprensión, en la mediana edad elegí crear «Mis Diez Compromisos» con aquello que me comprometo a hacer. Estos han demostrado ser mis guías emocionales de cómo elijo vivir mi vida. No creo que hubiera podido desarrollar una lista como esta cuando tenía 30 años:

1. Me comprometo a vivir una vida más enfocada en mi eventual elogio fúnebre que en mi currículum actualizado.
2. Me presento con un compromiso apasionado con la vida porque, de esa manera, la gente notará más mi energía que mis arrugas.

3. Asumo que las personas tienen las mejores intenciones, a menos que se haya demostrado que no son confiables.
4. Me guío por el viejo dicho «Vive como si fueras a morir mañana. Aprende como si fueras a vivir para siempre».
5. Intento ser curioso, no crítico (adhiriéndome a la escuela de filosofía de Ted Lasso).
6. Busco «experimentos nobles» que me ayuden a descubrir algo nuevo (aunque es probable que cometa muchos errores).
7. Aprendo de mis errores porque así es como hago que mi sabiduría crezca.
8. Acepto mis emociones, ya que son mi mejor evidencia de que soy humano.
9. No persigo la felicidad. Practico la gratitud y la felicidad es el resultado natural.
10. Recuerdo que el sentido más valioso que tengo es mi sentido del humor, ya que es algo que todavía poseo, aunque haya perdido todo lo demás.

¿Podrías encontrar algo de tiempo para elaborar tus propios Diez Compromisos que guiarán tu respuesta emocional a la vida?

Si bien las circunstancias de nuestra vida no necesariamente se vuelven más fáciles conforme envejecemos, nuestras respuestas a ellas mejoran de forma drástica. Somos menos reactivos, más conscientes de nosotros mismos, y nuestra capacidad para la empatía se dispara. ¿Quién no consideraría que esta etapa de la vida es una mejora respecto a nuestras décadas anteriores?

4

«Invierto en mi bienestar social»

*En inglés, la palabra enfermedad (*Illness*) empieza con la letra* I, *que también significa «yo», y la palabra bienestar (*Wellness*) empieza con las letras* We, *que juntas significan «nosotros».*

En pleno confinamiento por la pandemia, vimos videos de italianos cantando en los balcones de sus departamentos ante calles desiertas, y a familiares efectuando en Zoom bodas y funerales sin gran entusiasmo. Así descubrimos que la versión virtual de estos rituales es un sustituto insatisfactorio del evento real. Al final de la pandemia, vimos cómo las visitas sociales remplazaban con gran rapidez el distanciamiento social, ya que los primeros viajes que hizo la gente fueron para ver a amigos y familiares que habían extrañado. Es parte de nuestra constitución el impulso de fusionarnos, ¿no es así?

Cuando la mayoría de nosotros piensa en el bienestar, con frecuencia lo considera como un esfuerzo personal, no como una experiencia colectiva (no, tu clase de cardio en Peloton, que haces en casa, no es una forma de bienestar social).

¿Qué pasaría si empezáramos a ver nuestro bienestar como una responsabilidad compartida, esforzándonos por el bienestar social y no solo el personal?

Tal vez sea hora de contar NO cuántos pasos dimos o cuantas calorías consumimos, sino cuántos atardeceres presenciamos con nuestro cónyuge, cuántas veces se nos puso la piel chinita durante una conversación profunda con nuestro mejor amigo, o cuántas veces le sonreímos a un extraño.

Cuento regularmente los magníficos gestos de la mano en mi lugar de residencia, un pequeño pueblo pesquero y agrícola frente a la playa de Baja California Sur, en México. Me refiero a los saludos que recibo de los lugareños al conducir por nuestras carreteras polvorientas y llenas de baches. Saludar con la mano es una práctica común, una que construye comunidad y sana.

En la mediana edad, empezamos a alejarnos un poco de nuestra propia importancia, de modo que vemos el panorama de belleza moral y natural que nos rodea. En estos momentos, a menudo nos sentimos más vivos, y es aún más inspirador cuando estamos acompañados de otras personas. Si tenemos suerte, sentimos una «efervescencia colectiva» cuando nuestro ego individual se evapora y nuestra alegría comunitaria surge.

¿Cuán bien vives?

En 1938, investigadores de Harvard crearon uno de los proyectos de ciencias sociales más conocidos de todos los tiempos: un intento increíblemente ambicioso de responder a la pregunta ¿qué hace que una persona prospere a lo largo de toda una vida? Desde entonces, cada cinco años, los investigadores recopilaron registros detallados sobre la salud física y emocional de los 724 participantes. Después de 85 años, el Harvard Study of Adult Development [Estudio Harvard sobre el Desarrollo de los Adultos] es el estudio de mayor duración sobre la felicidad humana en el mundo.

Hace unos años, me presentaron al doctor Robert Waldinger, quien dirige el estudio longitudinal. Su investigación sobre cómo vivir una buena vida tocó una fibra sensible; su conferencia TED ha sido vista más de cuarenta millones de veces y su libro más reciente, con Marc Schulz como coautor, *Una buena vida. El mayor estudio mundial para responder a la pregunta más importante de todas: ¿qué nos hace felices?* fue un éxito en ventas. Si bien muchos de nosotros creemos que ser rico, famoso, talentoso o poderoso es la supercarretera hacia la felicidad, el doctor Waldinger dice que el camino más seguro hacia la satisfacción se parece más a una carretera rural.

Lo que hace que el Harvard Study of Adult Development sea tan extraordinario es el hecho de que hayan podido estudiar una inmensa cantidad de datos a lo largo de toda una vida. Y si bien surgieron muchas conclusiones, hubo algo que destacó por encima del resto: que las buenas relaciones nos hacen más felices y saludables, en especial a medida que envejecemos.

«De manera repetida, cuando los participantes en nuestro estudio alcanzaban la vejez», escriben los autores en *Una buena vida...*, «insistían en decir que lo que más atesoraban eran sus relaciones». Mientras que los adultos más jóvenes se benefician de tener un gran número de amistades menos íntimas —mostró el estudio—, a medida que envejecemos, lo que importa es la calidad de las relaciones, no la cantidad.

Entonces, ¿qué importancia tiene esto para ti en la mediana edad? Los investigadores siguieron a estos sujetos hasta su vejez para poder mirar atrás, a la mediana edad de estos, y ver si podían predecir quién iba a convertirse en un octogenario feliz y saludable y quién no. Cuando reunieron todo lo que sabían de estos temas a los 50 años, no fueron sus niveles de colesterol ni los índices de masa corporal en la mediana edad lo que predijo cómo iban a envejecer, sino lo satisfechos que estaban en sus relaciones.

Las personas que estaban más satisfechas en sus relaciones a los 50 años eran las más saludables a los 80. Al parecer, el apoyo social que obtenemos de nuestras relaciones más cercanas e íntimas no solo ofrece cierta protección contra los inevitables altibajos de la vida, sino que incluso puede mitigar las dificultades físicas y emocionales del envejecimiento. Los académicos llaman a esto «amortiguación del estrés».

Según el libro, «La mediana edad es un punto de inflexión no solo entre los jóvenes y los mayores, sino también entre quienes tienen una forma de vida más enfocada en ellos mismos e introspectiva, que muchos de nosotros desarrollamos en la temprana edad adulta, y una forma de vida más generosa y abierta». En otras palabras, en la mediana edad, justo cuando sentimos como si nuestra vida se hubiera reducido porque estamos lidiando con tanto a la vez, este es justo el momento de empezar a enfocarnos en cómo invertir en nuestras relaciones.

Para muchos, la mediana edad es cuando empezamos a atesorar nuestras relaciones más que nuestras posesiones. Y, como ha demostrado el sociólogo holandés Gerald Mollenhorst, remplazamos la mitad de nuestra red social cada siete años, aproximadamente, por lo que invertir en amistades es un esfuerzo de toda la vida. Si no inviertes, tu red se atrofia.

Laura Carstensen popularizó la teoría académica de la selectividad socioemocional, que afirma que las personas más jóvenes perciben el tiempo como más abierto y, por lo tanto, priorizan y persiguen objetivos relacionados con el conocimiento. En contraste, las personas mayores perciben el tiempo como más limitado y, entonces, priorizan las actividades relacionadas con objetivos relacionados con las emociones. Esta es una razón más por la que la mediana edad es el momento para invertir en tus relaciones. Se remplaza la competencia social con la conexión social.

El capital relacional es un «seguro emocional»

Los amigos no son algo que «es bueno tener», sino algo que «es necesario tener».

Jennifer Senior, redactora en *The Atlantic*, sugiere que los amigos son la flora y fauna de nuestra mediana edad porque siempre estamos tan ocupados. Se convierten en el fondo de pantalla de nuestra vida cuando, de hecho, tendrían que ser nuestros muebles cómodos, en especial en un día lluvioso. Lo que olvidamos es que algunos de nuestros «muebles» salen de la ciudad cuando un amigo se muda por trabajo o que guardamos la amistad en una bodega cuando las obligaciones familiares o laborales se vuelven excesivas. Si no invertimos en nuestros amigos, podemos quedar con la sala vacía.

Myra Lavenue, residente de Portland, es lesbiana, madre, escritora, actriz de improvisación y defensor de la justicia social; tiene más de 50 años. Ha estado con su esposa durante 24 años y tiene una gran red de amigos y compañeros de trabajo. Aun así, cuando la conocí, sentía como si una parte de ella estuviera cancelada debido a lo ocupada que estaba y a las pérdidas que había sufrido en su vida.

Cuando la pandemia afectó al mundo, Myra estaba tomando una clase de improvisación para principiantes. Se había inscrito a la clase porque sentía que iba a la deriva y que había quedado desprovista de una comunidad desde que se retiró del futbol recreativo, la despidieron de una empresa y se convirtió en una trabajadora a distancia de una nueva compañía. Mientras buscaba claridad sobre cómo afrontar todos estos cambios, una revelación para Myra fue que ella necesitaba encontrar a su gente divertida. Para ella, el humor es una forma de espiritualidad. ¿Podría la improvisación ser el nuevo lugar para encontrar conexión, amistad *y* gente divertida?

Zoom podría no ser el formato ideal para clases de improvisación, pero Myra recuerda cómo todo empezó a embonar cuando «una mujer se unió a una clase que estaba tomando, sentada en silencio hasta que fue su turno para estar en una escena. Y de repente la pantalla se llenó con su energía, presencia y talento. Estaba fascinada y le envié un mensaje privado en Zoom diciéndole: "¡Eres graciosa!"».

Myra invitó a su nueva heroína cómica, Lisa, a una clase de narración oral o *storytelling online*, luego a una clase de improvisación musical y después a clases avanzadas de improvisación. Intercambiaron números y saltaron las chispas de la amistad. Unos meses más adelante en su amistad, surgieron las vacunas contra el COVID-19 y ambas se inmunizaron. Era hora de conocerse en persona.

Myra rebosaba de emoción cuando me contó lo que pasó a continuación: «Poco a poco, abrimos nuestras vidas, hogares y familias una a la otra. Cuando me preguntó si podía llamarme su mejor amiga, me quedé muy sorprendida porque ¿los adultos hablan así? ¿Cuándo fue la última vez que escuché esa pregunta? Sin embargo, al mismo tiempo sentí que mi cuerpo recibía ese amor en una enorme oleada de sentimiento que compartí con mi esposa».

Myra y Lisa ahora son «mejores amigas» que se apoyan mutuamente en sus esfuerzos creativos, problemas familiares y —lo más importante— crecimiento personal y autodescubrimiento. Son casi como las mejores amigas que recordamos de la escuela primaria: las que hacen travesuras, gritan demasiado, no prestan atención en clase y se juntan para jugar. La clave de cómo llegaron aquí fue que Lisa dio un paso de forma valiente e hizo esa pregunta sobre la mejor amiga.

¿Quién es el amigo con el que puedes intimar? ¿Cómo podrías ver la mediana edad como el momento para ser menos consciente de ti mismo y más consciente de los demás? ¿Estás dispuesto a correr el riesgo de decirle a alguien: «Me encantaría profundizar en nuestra amistad, ¿estás abierto a eso?».

Myra no se había dado cuenta, a los 56 años, de lo mucho que se había estado absteniendo de profundizar con alguien que no fuera su familia. Cuando le preguntas a la gente quiénes son sus mejores amigos, la mayoría nombra al mejor amigo que hicieron en la infancia, o tal vez en la universidad. Pero se puede hacer mejores amigos a cualquier edad. Debemos seguir encontrando estas conexiones, en especial en la mediana edad.

Cuando utilizamos la palabra *capital*, muchas veces nos referimos a la riqueza en forma de dinero u otros activos que son propiedad de una persona u organización. Pero el capital relacional es otra forma de riqueza, la riqueza que acumulamos al invertir en relaciones. Tienes seguro patrimonial y contra terceros para tu hogar o tu automóvil, entonces, ¿dónde está tu seguro emocional para las amistades?

¿Es cierto que eres la suma de las cinco personas más cercanas a ti? Es probable que hayas leído esta idea en Instagram o que la escucharas de boca de algún sabio sobre un escenario. Suele tratarse de un orador motivacional intentando convencerte de que serás más feliz y atractivo, o más exitoso, si desechas a los perdedores en tu vida. Sí, hay algunas investigaciones que respaldan esta premisa, pero me gustaría expandir este pensamiento más allá de las preocupaciones superficiales. Reformulemos la pregunta.

¿Qué pasaría si supieras que eres tan profundo, saludable, generoso, empático o sabio como las cinco personas más cercanas a ti? ¿Quiénes son las personas de tu vida que te llenan de energía o a quienes admiras de forma profunda? ¿Qué te impide pasar más tiempo con ellas?

¿Cómo podrías cuidar a tus amigos mientras cuidas las flores de tu jardín? ¿Cómo podrías ser una buena tierra para esas amistades?

Te veo

Vivimos en medio de una epidemia de soledad que prevalecía mucho antes del COVID-19. Gran parte de la discusión en torno a la soledad tiende a centrarse en niños y adolescentes, pero no son los únicos que están afligidos. De acuerdo con una encuesta realizada en la primavera de 2020 por Roots of Loneliness Project, el grupo demográfico que está viviendo el mayor aumento de soledad en Estados Unidos son las mujeres de la generación X (de 41 a 57 años). Y el aumento del aislamiento social reportado por mujeres que viven con niños fue más agudo entre esas personas de la generación X, según una parte inédita de la encuesta compartida con el *Wall Street Journal*.

Lo que la mayoría de los intentos de dar sentido a esta tendencia pasan por alto es el hecho de que en la mediana edad muchos simplemente no nos sentimos vistos. Nos sentimos invisibles en el trabajo; anónimos para nuestros vecinos; extraños para amigos o familiares, quienes todavía nos ven como éramos hace veinte años. Ser invisible es estar desconectado, y con este fenómeno viene el creciente número de historias trágicas de «muertes por desesperación», en especial en la mediana edad.

Lo que necesitamos es una campaña masiva de salud pública que se llame «Te veo» para que la gente no entre a la unidad de cuidados intensivos (UCI). Es una forma alternativa de cuidados intensivos en la que sientes que te ven y te aprecian por quien tú eres. Es probable que los amigos que hicimos cuando éramos más jóvenes nos vean como la persona que éramos en ese entonces. Esto nos puede hacer sentir como tener un zapato incómodo que es una o dos tallas más pequeño. La buena noticia es que, aunque no tengamos práctica, hacer nuevos amigos en la mediana edad no es tan intimidante como pensamos. Es como volver a andar en bicicleta, después de un largo descanso.

Hay cuatro pasos que puedes seguir para aumentar tu bienestar social y sentirte visto y conectado:

1. **Pregúntate: «¿Estoy socialmente aislado o me siento solo?».** Hay una diferencia. Mucha gente prefiere el aislamiento social a pesar de que el riesgo mayor de la pandemia ya quedó atrás. Algunos aprecian la

soledad que les ha brindado. Estar solo es diferente a sentirse solo, ya que lo primero puede ser una elección y lo segundo a menudo se siente como una sentencia de cárcel. Si te sientes solo, haz una lista de las 5 o 10 personas en tu vida que solían ser tus amigos. Después, clasifícalos en términos de con quién te gustaría hablar y con quién te sentirías cómodo comunicándote. Y luego, una vez por semana, comunícate con una de esas personas para entablar una conversación y ver cómo están.

2. **Conviértete en un experto en escuchar.** Una persona sabia dijo alguna vez: «El conocimiento habla y la sabiduría escucha». Cerca de la mediana edad, valoramos que las personas que más amamos no solo sean interesantes, sino que también estén interesadas… en nosotros, ¡nada más y nada menos! Para demostrar que *estás* interesado en las personas que *te* importan, intenta practicar la Investigación Apreciativa: formular preguntas catalizadoras para abrir la puerta a los pensamientos emociones, esperanzas y sueños más profundos de las personas. ¡Búscalo en Google! Es una forma humana de IA.
3. **No más «jugar solo al boliche».** Cuando fui de visita a ver a mis hijos y sus mamás en Houston, fuimos a un juego de la Liga Infantil Ethan, donde sentí esa clase de ambiente de comunidad encantadora de una tribu de padres que se unen para apoyar a sus hijos. Había un hombre mayor y pensé que podría ser un

abuelo. Cuando le pregunté con cuál de los jugadores estaba emparentado, puntualizó: «Todos ellos. Adopté a los Piratas como mi equipo». Me contó que era viudo y vivía en la misma calle que un par de jugadores y sus padres. Cuando salía a caminar con su perro —precisó—, pasaba por las casas de estos niños, esperando que estuvieran jugando en el patio delantero. Los niños amaban a su perro —explicó—, y con el tiempo sus padres se hicieron amigos de él y lo invitaron a un juego de la liga infantil. «Le estoy enseñando a todo el equipo cómo jugar boliche», añadió. ¿La lección? Nunca es demasiado tarde para unirse a una nueva comunidad.

4. **Encuentra tu parvada o crea una propia.** Las aves del mismo plumaje siempre vuelan juntas. Es más probable que forjes nuevas amistades con personas que comparten tus intereses; puedes encontrar fácilmente estas parvadas en grupos de Meetup locales o de Facebook. Cuando atravesaba una época en especial desafiante y quería conexiones espirituales más profundas, comencé a organizar una Cena Espiritual de Sangha en mi casa una vez al mes, a la que asistía un grupo dispar de amigos y conocidos con tendencias espirituales o caminos religiosos bastante diferentes. Para lograrlo, fue necesario un poco de valentía y algo de alquimia social, pero los temas magnéticos que discutíamos limaban cualquier borde afilado de nuestras personalidades y creencias. ¿Podrías considerar crear un club de lectura o de cine, y formar una nueva parvada propia?

¿Qué se puede aprender de *El conejo de felpa*?

El clásico libro infantil de Margery Williams, *El conejo de felpa*, ofrece una idea que debería incluirse en todo espejo del baño de una persona de mediana edad: «Por lo general, para cuando llegas a ser real, la mayor parte de tu cabello se ha caído de tanto amor que has recibido».

Siendo un hombre casi calvo de más de 60 años, me suena conocido. Por supuesto, con o sin cabello, es fácil sentirse desgastado y deteriorado mientras la edad avanza. Por fortuna, con la ausencia de cabello y todas esas partes flácidas de nuestro cuerpo envejecido, llegan la perspectiva y la sabiduría para saber cuán hermosa puede ser la vida cuando al fin nos convertimos en la persona que debimos ser desde el principio y para celebrarlo con los demás.

¡Qué maravilloso es por fin (luego de mucho tiempo) aventurarse en el mundo eterno del corazón y el alma! Después de todo, esto es la progresión natural del envejecimiento, que se capta de manera perfecta en el extracto completo de *El conejo de felpa*, la historia de un conejo de peluche que desea volverse real a través del amor de su dueño:

> Llegas a serlo. Toma mucho tiempo. Por eso no les sucede con frecuencia a personas que se rompen con facilidad o tienen aristas afiladas, o que deben conservarse con mucho cuidado. Por lo general, para cuando eres real, la mayor parte de tu cabello se ha caído de tanto amor que has recibido y se te caen los ojos y se te aflojan las articulaciones y quedas muy desgas-

> tado. Pero todo esto no importa en absoluto, porque una vez que eres real, no puedes ser feo, excepto para la gente que no entiende.

¡Tres hurras por el conejo de felpa!, nuestro suave recordatorio de que, en la mediana edad, es hora de ser auténticos como las personas que somos y compartir ese yo verdadero con los demás. ¡Lleguemos juntos a ser auténticos!

5

«Ya me importa un carajo»

Podría parecer incongruente que este capítulo sea el siguiente después de mi encantadora reflexión sobre la inteligencia emocional y el valor de las relaciones, pero quédate conmigo unas cuantas páginas. Para muchos lectores, este puede ser el capítulo más importante del libro.

Hace años, se publicó un libro de psicología popular que causó furor: *No te ahogues en un vaso de agua.** Remplaza «cosas pequeñas» con «gente de mente pequeña» y tendrás una idea de lo que hay para ti en este capítulo.

Antes, en mi vida, me resultaba difícil tomar decisiones sin buscar que otros opinaran. Si estaba practicando un deporte o escribiendo un ensayo, siempre quería recibir retroalimentación (y, por supuesto, aprobación), como si la vida fuera solo

---

* El título en inglés es *Don't Sweat the Small Stuff*, cuya traducción literal es «No sufras por las cosas pequeñas». En México fue publicado con el título *No te ahogues en un vaso de agua. [N. de la t.]*.

una gran actuación. Nunca olvidaré que, cuando fui elegido presidente del cuerpo estudiantil de nuestra preparatoria Long Beach Poly, una de mis supuestas amigas, Jeanne, que se consideraba una artista rebelde, se acercó a mí y declaró: «No me agradas». Desconcertado, le pregunté por qué, y ella replicó: «Porque le agradas a todos los demás». No podía hacer mucho al respecto, ¿o sí? Pero, a pesar de ser un elogio a su extraña manera, no dejaba de afectar mi mente de diecisiete años.

Por supuesto, nunca ha sido tan fácil «preocuparse por las cosas pequeñas» como hoy, gracias a Facebook e Instagram, con sus «me gusta» infinitos, alardes humildes y acicalamientos que han llevado nuestra tendencia a empaquetarnos para los demás a un nivel completamente nuevo.

La buena noticia es que llega un momento en nuestras vidas en el que dejamos de contar nuestros «me gusta», de editar los textos de nuestras publicaciones y de retocar nuestras fotos. A medida que envejecemos, a la mayoría simplemente deja de importarle lo que otras personas piensan. Nos damos cuenta de que el hecho de que nos importe no solo nos distrae, sino que también agota nuestra energía y a nuestra alma. En la mediana edad, comenzamos a recuperar esa energía para iniciativas más importantes.

¿La supervivencia de los más amables?

Este no es un problema nuevo, como nos lo recuerda Arthur C. Brooks en un artículo para *The Atlantic*, con el muy apropiado título «No One Cares!» [«¡A nadie le importa!»]. Como escribió el filósofo estoico romano Marco Aurelio hace casi 2 000 años: «Todos nos amamos a nosotros mismos más que a otras personas, pero nos preocupa más su opinión que la nuestra».

A lo largo de la historia de la humanidad —afirma Brooks—, nuestra supervivencia dependía de la aprobación de los demás; la necesitábamos para preservar nuestra pertenencia a clanes y tribus muy unidos, a fin de que no nos expulsaran de nuestro grupo y nos sentenciaran a una muerte segura por frío, hambre o depredadores. Esta puede ser la razón por la cual el dolor físico y el rechazo social comparten los mismos sustratos neuronales en nuestro cerebro, explica Brooks. También puede ser la razón por la que algunos vivimos según el credo de la «supervivencia de los más amables», aun cuando rechinamos con enojo los dientes mientras dormimos.

Lo admito. He pasado mi vida complaciendo a la gente. Cuando era joven, necesitaba validación social porque me sentía como un bicho raro. Mis padres consideraron enviarme a terapia cuando era preadolescente porque prefería a mis amigos imaginarios que a los reales; los amigos que conjuraba tenían garantizada mi simpatía y constituían una audiencia cautiva. Por supuesto, con el tiempo, este pequeño introvertido se transformó.

Pero me hice adicto a la admiración como protección para no sentirme inadecuado. Tenía en mi cabeza un sistema de puntuación para saber cuánto me apreciaban todos en mi vida. Era tan pinche inteligente en esto que identifiqué a los tres chicos más populares de mi tercer año de preparatoria (Alan, Erik y Mike), ¡y concebí una forma de convertirme en su cuarto mosquetero! Me importaba más que un carajo, de eso no hay duda.

Como deportista y gay de clóset en la preparatoria (y la universidad) con novias amorosas, la palabra «coger» me provocaba escalofríos; pero, por supuesto, en mi fraternidad universitaria era de lo único que hablábamos. Mi vida sexual se volvió performativa, tanto para mis novias como para mis amigos, a quienes les contaba mis hazañas sexuales. Cuando recuerdo todo esto, me siento asfixiado y avergonzado.

Salí del clóset a los 22 años, en el verano de 1983, mientras trabajaba en la ciudad de Nueva York. Una vez más, la enorme palabra con *c* era todo de lo que hablábamos en mi nuevo clan, y una vez más, el sexo se convirtió en la moneda para adquirir la aprobación social que tanto ansiaba.

Algunas personas se deshacen de sus instintos de complacer a los demás una vez que comienzan a lograr cierto éxito profesional, pero como director ejecutivo bebé de una empresa de hoteles *boutique*, que comencé cuando tenía 26 años, era muy sensible a lo que la gente pensaba de mí, en parte porque yo era un espécimen inusual: un director ejecutivo gay muy joven en una industria que, por tradición, era formal, correcta y propensa a escandalizarse en la década de 1980, y en parte porque el negocio de la hotelería trata de hacer feliz a la gente. Entonces, el que me importe mucho más que un carajo se ha estado cocinando dentro de mí durante mucho tiempo.

Ser hotelero llevó mi amabilidad al extremo, hasta que me di cuenta de lo obsesionadas que están muchas personas consigo mismas. Esta revelación —que la mayoría de las personas están demasiado ocupadas pensando en sí mismas como para que yo les importe un carajo— fue lo que me curó. Empecé a leer libros de psicología y a aprender herramientas para la tipificación de la personalidad, como el Eneagrama, para ayudarme a comprender que no soy el único bicho raro que anda por el mundo.

Entonces me di cuenta de que todos sobrestimamos de forma consistente cuánto piensan otras personas en nosotros. Aprendí que, debido a que nos enfocamos en nuestras propias fallas con una intensidad como la del láser, asumimos que todos los demás están haciendo lo mismo: observar nuestros errores garrafales bajo un microscopio (y no es así).

Es como cuando aprendí a surfear cuando tenía 50 años, cerca de mi casa en Baja California. Estaba seguro de que toda esa gente sentada en la playa me miraba a mí y solo a mí, que me descontrolaba como un surfista principiante, aun cuando éramos unas cuantas docenas de personas tratando deslizarnos sobre las olas. Es natural que mi preocupación por cómo me veía me generara pánico escénico, el cual se interpuso en mi capacidad para sintonizarme con las olas.

Mi solución fue intentar tomar las olas al amanecer, cuando no había nadie más en la playa. Y al igual que con el yoga, una vez que entendí cómo tenía que practicarlo, me di cuenta de que el *surf*, si bien es un deporte que se realiza de manera individual, es compañerismo, y mis sesiones de *surf* en solitario me estaban privando de toda la alegría de estar con amigos en las olas o en la orilla. Fue entonces cuando por fin me importó un carajo cómo me veía sobre la tabla.

El que te importe un carajo te da espacio para lo que te es significativo

El libro de Mark Manson, *El sutil arte de que te importe un carajo: un enfoque disruptivo para vivir una buena vida*, ha vendido más de 16 millones de ejemplares (en inglés) desde 2016. Es claro que no somos los únicos que nos dimos cuenta de que la clave para vivir una buena vida es que nos importe un carajo la mayoría de las cosas, sino más bien preocuparse bastante, pero solo por las que importan.

En la mediana edad, es especialmente valioso que menos situaciones nos importen, cuando nos damos cuenta de que ya pasamos la primera mitad de nuestra vida acumulando, y ahora es el momento de hacer algo de edición. Aprender a priorizar los distintos elementos de nuestra vida es una de las tareas más importantes conforme envejecemos. Como dice Belinda Mackie en *The Good No* [El buen *no*], el argumento de Manson es «Que nos importe un carajo no se trata de ser indiferente. Se trata de sentirse cómodo siendo diferente».

Desafortunadamente, la mayor parte del tiempo estamos aterrorizados por lo que otros piensan de nosotros, en parte porque eso puede validar nuestro más secreto odio hacia nosotros mismos. Mira, amigo, para la mediana edad, la única validación que necesitas es para el estacionamiento.

En lo personal, he aprendido a utilizar mis valores como filtro para invertir mi tiempo. Hubo un periodo en mi vida en el que me solicitaron ser parte de la junta directiva para lo que parecía ser cada maldita organización sin fines de lucro de San Francisco. En un momento dado, yo estaba en seis juntas directivas que iban desde las artes hasta las personas en situación de calle, la educación para la infancia, la preservación de zonas verdes y la defensa de la igualdad en el matrimonio hasta quién sabe qué más. Sí, estas eran causas nobles que yo quería apoyar, ¡pero Chip tenía un límite! Me di cuenta de que lo que más me importaba era la pobreza urbana, así que me uní a la junta directiva de una iglesia en el centro de la ciudad que hacía un buen trabajo en un vecindario difícil (hay más sobre esto en el capítulo 12) y me retiré gradualmente del resto de las juntas directivas.

Podría ser que a lo largo de tu vida tengas solo algunas posibilidades de brindar atención a algo que te importe, por lo que debes utilizarlas con cuidado. Al llegar a la mediana edad, ya desarrollamos un discernimiento para lo que en realidad importa. Nuestros valores definen qué actividades tienen valor. Una persona sabia dijo alguna vez: «Tus creencias se convierten en tus pensamientos, tus pensamientos se convierten en tus palabras, tus palabras se convierten en tus acciones, tus acciones se convierten en tus hábitos, tus hábitos se convierten en tus valores, tus valores se convierten en tu destino».

La londinense Kay Scorah creció en el norte de Inglaterra, donde su abuela paterna, sufragista, sindicalista líder y activista por la igualdad, la hizo consciente, por medio de protestas y activismo, de que la única manera de dejar un mundo mejor era hacer algo para solucionar lo que está mal en él, y no solo hablar de ello. Ella le enseñó a Kay a no obedecer al sistema, sino a rebelarse, o incluso a iniciar una revuelta.

Kay le creía a su abuela; pero, como ocurre con tantos de nosotros, su pragmatismo intervino y terminó en una carrera profesional un tanto convencional, trabajando como científica en Alemania Occidental. Cuando tenía 20 años, ella y su novio temían que, si tenían éxito como científicos, tendrían que dejar atrás las partes de ellos que querían cambiar el mundo, escribir poesía, bailar y hacer música. Lo llamaban «la jaula», porque temían que aquello que les generaba alegría no les traería reconocimiento (financiero o social) y tenían miedo de quedar atrapados en el éxito.

Aunque Kay no se limitó a las ciencias biológicas, ese miedo se hizo realidad. Atrapada por una exitosa carrera empresarial, por su ego, por necesidad económica, pero principalmente por su propia falta de confianza en sí misma, se lamentaba de haber dejado atrás una gran parte de sí misma. Fue el don de la edad lo que al fin comenzó a liberarla de su jaula: de su carrera por conseguir más, de su deber de mantener a la familia y de su deseo de sujetarse a la definición de éxito de la sociedad.

Entonces, alrededor de los 50 años empezó a tomarse un tiempo lejos del trabajo remunerado para hacer espectáculos teatrales, escribir, tomar clases de baile y, lo más aterrador de todo, probar suerte con los monólogos humorísticos en vivo. Ahora, a sus 60 años, elige vivir en un minúsculo departamento de una habitación, conduce un pequeño auto de 15 años de antigüedad que heredó de su difunto padre, regaló la mayor parte de sus posesiones y dedica todo el tiempo que puede a asesorar a gente más joven porque con frecuencia aprende tanto de los alumnos como ellos aprenden de ella. Y nunca ha sido más feliz.

Se siente liberada del peso de aquellas expectativas que la sociedad les impone a las mujeres profesionistas: que no solo trabajen más duro y sean más brillantes que sus homólogos masculinos, sino que también se ciñan a las expectativas de la sociedad sobre la belleza femenina. Ella rechazó los valores que la sociedad le imponía sin su permiso, y ahora reconoce: «Soy una mujer invisible. ¡Qué alivio!».

Este sentimiento incluso llegó a su rutina de comedia:

> Las mujeres de mi edad se quejan de la invisibilidad. A mí no me molesta en absoluto; de hecho, es muy útil en mi trabajo como ladrona de tiendas y asesina ocasional. Estoy en ese momento de la vida de una mujer que yo llamo «Senopausa». Es el lugar entre el final de la menopausia y el comienzo de la senilidad. Es una edad muy peligrosa en la que ya no queda ninguna hormona de linda señora.

Como la mayoría de los actos de comedia, estos chistes se basan en la realidad. Ella cree que su invisibilidad, combinada con su falta de riqueza visible, le permite confrontar y defenderse de las personas abusivas *(bullies)*, así como denunciar el mal comportamiento. Como ya no es una amenaza ni un objetivo, ahora puede decir lo que quiere. «Las suposiciones de otras personas sobre mi fragilidad me dan fuerza y valentía», explicó. «No tengo nada que nadie más quiera, excepto mi sabiduría y mis opiniones».

Kay es un gran ejemplo de que no hay que preocuparse por cómo te ves o cómo hablas, sino por cómo actúas. Hoy, ella pone su activismo en acción, trabaja para lograr cambios no solo para ella misma, sino para el planeta y su comunidad.

A Kay Scorah muchas cosas ya no le importan un carajo, pero aquellas que sí le importan son profundamente significativas para ella y para los demás.

Las personas son espejos

Todos somos espejos unos de otros. El activismo de Kay en la segunda mitad de su década de 60 años ofrece un modelo a seguir para mujeres de hasta tres generaciones más jóvenes. A medida que envejecemos, a veces olvidamos cuánto anhelan los más jóvenes que arrojemos luz sobre un camino más saludable y feliz durante nuestros últimos años, puesto que (si tenemos suerte) todos recorreremos ese camino algún día.

El muy querido místico cristiano Richard Rohr ha escrito docenas de libros y tiene un gran número de seguidores en todo el mundo, personas de todas las edades que aprecian profundamente su universal y amorosa perspectiva sobre la religión. Como su vecino en Nuevo México, donde la AAMM está construyendo dos grandes campus, nos honró que eligiera viajar a Baja California en 2021 para experimentar la AAMM, a sus 78 años, como estudiante, no como maestro.

En su libro *Falling Upward: A Spirituality for the Two Halves of Life* [Caer hacia arriba: una espiritualidad para las dos mitades de la vida], Richard afirma:

> Gran parte del trabajo de la mediana edad es aprender a notar la diferencia entre personas que todavía están lidiando con sus problemas a través de ti y aquellos que en verdad te tratan tal como eres… En la segunda mitad de la vida, aprendes a notar la diferencia entre quién eres en realidad y cómo otros pueden reflejar eso o no. Esto evitará que te tomes demasiado en serio tanto los insultos como los elogios.

Y continúa:

> Dudo que este tipo de discriminación tranquila y desapegada sea muy posible antes de los 55 años como mínimo. ¡Con cuánta desesperación necesitamos verdaderos adultos mayores en nuestro mundo para limpiar nuestra visión y parar en seco al salón giratorio de los espejos!

Juzgar a los demás es juzgarse a uno mismo. Si hay una lección que aprendí en esta etapa de mi vida, es que abrir mi corazón a la ecuanimidad es la principal forma en que puedo ser bueno conmigo mismo. Desarrollar una calma mental, una compostura, en especial cuando puedo ser provocado por otra persona, de alguna manera relaja mi juicio interno hacia mí mismo. Cansado de que me presionen de forma constante, ahora elijo mis batallas con sabiduría.

Los siguientes son algunos de mis consejos favoritos para no dejarme llevar por las circunstancias, cuando no debería importarme un carajo:

1. Me pregunto: «En el curso de mi vida, ¿qué importancia tiene esto?».
2. Paso menos tiempo en las redes sociales y me rehúso a «desplazarme en la pantalla para sentirme cada vez peor».
3. Dejé de buscar un «permiso» para hacer algo que me importa.
4. Me siento cómodo diciendo «No» a más cosas que históricamente he sentido como obligatorias.

También recito de modo regular estas tres frases, que Stephen Covey sentía que expresaban la sabiduría del sobreviviente del Holocausto Viktor Frankl: «Entre el estímulo y la respuesta hay un espacio. En ese espacio, está nuestro poder de elegir nuestra respuesta. En nuestra respuesta radica nuestro crecimiento y nuestra libertad».

Encuentro ese espacio realizando «caminatas de asombro» regulares con mi perro Jamie. Programo estas caminatas en mi calendario bajo el título «espiar a lo divino». Una caminata de asombro es en particular valiosa para aquellas personas en la mediana edad, y más allá, no solo por el ejercicio, sino porque nos ayuda a sentir la presencia de algo más grande que nosotros, algo misterioso, inefable y hermoso. Yo procuro hacer estas caminatas en lugares nuevos con tanta frecuencia como pueda, ya que es más probable que experimente el asombro infantil de ver algo nuevo.

Cuando nos maravillamos ante un diligente colibrí o vemos una maraña de enredaderas que ascienden en un roble, es difícil aferrarse a la energía tóxica que sentimos después de que una persona en nuestra vida nos provocó. De lo que se trata el asombro es de salir de la jaula de nuestro ego y reconocer que podemos ser unos «observadores de primera clase» de algo más allá de nuestro frustrante amigo o molesto vecino. Antes de comenzar una caminata de asombro, siempre hago la pregunta: «Naturaleza, ¿qué tienes que enseñarme hoy?».

¿Y si la naturaleza pudiera ser tu espejo?

Solo eres tan grande como los problemas que te molestan

La palabra *annoy*,* en inglés, (*molestar*, en español) tiene una etimología reveladora basada en el latín *in odio*, «Me resulta

* La traducción de la palabra *annoy* es *molestar, enfadar, enojar*. Si bien la palabra en inglés *annoy* proviene del latín *in odio*, la palabra en español que derivó de esta expresión es *molestar*.

odioso». Todos sentimos odio en ocasiones, en especial en nuestro mundo sociopolítico cada vez más polarizado. Pero seamos prudentes con las bombas de odio; después de todo, tú eres el contenedor de esa sustancia tóxica y, sin duda, puede ser corrosiva en tu interior.

Todos tenemos nuestros factores desencadenantes. Pero en la mediana edad nos damos cuenta de que podemos ser más exigentes con lo que nos saca de nuestras casillas. Podemos dejar que la mayoría de las cosas se nos resbalen y guardar nuestra energía mental y emocional para las pocas cosas que merecen nuestra atención vigilante. Como dice uno de mis amigos activistas: «Cuanto más permanezca en el planeta, más ruidoso seré. Pero soy más selectivo sobre cuándo hacer ese ruido».

O, cuando empieces a sentirte a punto de estallar, podrías solo tomar un consejo del comediante Ricky Gervais: «Sé feliz. Eso realmente le molesta a la gente negativa». Pero no lo hagas para molestar a la gente, ya que eso implicaría que te importa más que un carajo. Hace poco vi esto en una camiseta de alguien que tal vez era veinte años mayor que yo: «Una mujer sabia dijo una vez que se joda esta mierda y vivió feliz para siempre». Le di un gran abrazo a esa mujer que no conocía.

LA VIDA MENTAL

6

«Me maravilla mi sabiduría»

El conocimiento está en tu teléfono.
La sabiduría está en tu interior.

En general, las personas de mediana edad tienen mala reputación cuando se trata de su capacidad mental. No solo nos perciben como un caso perdido con la tecnología; también es en esta época cuando la gente empieza a hacer bromas sobre nuestra memoria o la velocidad de nuestra comprensión.

Esta sección del libro no trata sobre cómo garantizar que tu mente no se vea afectada por tu esperanza de vida o de salud. Despreocúpate, porque no te voy a lanzar un sudoku. Aquí abordaremos por qué debes estar seguro de que estas suposiciones sobre el cerebro en la mediana edad carecen en gran medida de fundamento (porque, para empezar, algunos de los tecnólogos más brillantes que conozco tienen de 50 a

69 años). De hecho, algunas competencias mentales en realidad *mejoran* con la edad.

Es cierto que nuestra capacidad para procesar nueva información, aprender y resolver problemas (lo que se conoce como inteligencia fluida) está en su punto máximo a los 20 años. Probablemente a la mayoría de nosotros no nos iría tan bien en el examen SAT (examen para ingresar a la educación universitaria en Estados Unidos) como nos fue cuando lo resolvimos hace treinta o más años.

Por otro lado, como documenta Arthur C. Brooks en su Libro más vendido, *From Strength to Strength* [De fuerza en fuerza], la capacidad de nuestro cerebro para pensar de manera holística (lo que se conoce como inteligencia cristalizada) mejora con la edad. De hecho, nuestra inteligencia cristalizada alcanza su punto máximo alrededor de los 70 años.

Además, cuanto más tiempo llevamos en el planeta, más conocimiento y experiencia acumulamos, y más patrones identificamos. Estas son las materias primas de la sabiduría. En la mediana edad, somos expertos en la escuela de la vida. Nos hemos convertido en maestros en el reconocimiento de patrones. Podemos conectar los puntos más rápido y de forma más eficaz.

Después de todo, como sugirió Steve Jobs en su discurso durante la ceremonia de graduación en la Universidad de Stanford hace casi dos décadas: «No puedes conectar los puntos mirando hacia adelante; solo puedes conectarlos mirando hacia atrás». Cuanto más hayas vivido, más «retrospectiva» tendrás.

Conforme envejecemos, también nos hacemos más hábiles para movernos entre el hemisferio izquierdo y el derecho; así es como podemos ser al mismo tiempo lógicos y poéticos en la misma frase. También es parte de la razón por la que, a medida que envejecemos, nos convertimos en alquimistas. No sé cómo estés tú, pero mi capacidad para sintetizar cualidades en apariencia opuestas está en su apogeo: curiosidad y sabiduría, yin y yang, extrovertido e introvertido, secular y espiritual, hacer y ser, mentor y practicante, seriedad y desenfado. Parece magia mi intuición sobre cuál de estas polaridades es necesaria en cualquier momento dado.

Luego está la sabiduría. La sabiduría se correlaciona con la inteligencia cristalizada, pero hay más que eso. El doctor Dilip Jeste destaca siete componentes de la sabiduría:

- Capacidad de reflexión sobre uno mismo
- Gran habilidad para la regulación emocional
- Aceptación de diversas perspectivas
- Conductas y aptitudes prosociales (empatía, compasión, altruismo)
- Capacidad de decisión
- Habilidad y deseo de brindar asesoría de manera social (dar consejos útiles a los demás)
- Interés por la espiritualidad y por encontrar un significado más profundo en la vida

¿Cuántos de estos componentes se han ido fortaleciendo en ti al entrar en la mediana edad?

El hombre que confundió su conocimiento con la sabiduría

Ya sabes de quién estoy hablando. Él es el cerebrito, la enciclopedia ambulante que recita de forma constante hechos arcanos, pero no tiene conciencia de sí mismo y parece no tener idea de lo que significa la condescendencia machista, o *mansplaining*. Es quien sabe cuándo es el cumpleaños de Albert Einstein, pero olvida su propio aniversario de bodas. Entiende la física nuclear, pero no tiene remedio cuando se trata de comprender a los humanos. Es el «trabajador del conocimiento» al que le vendría muy bien tener a su lado a un «trabajador de la sabiduría».

En un momento en el que estamos inundados de conocimiento, ¿dónde está la sabiduría que el mundo necesita de manera tan desesperada?

El conocimiento es «local». La sabiduría, sin embargo, es «global» y portátil; puede llevarte a lugares que nunca imaginaste, mucho más lejos de tu esfera habitual de influencia y experiencia. Sí, el conocimiento puede ser poder, pero la sabiduría es riqueza mental y espiritual. El conocimiento es estático y corre el riesgo de quedar obsoleto con el paso del tiempo. En cambio, la sabiduría se vuelve más potente en tu vida mientras más se fermenta con el tiempo. El conocimiento es simple interés. La sabiduría es interés compuesto.

Tu sabiduría tiene tus huellas dactilares por todas partes. No es posible encontrarla en una enciclopedia. Se basa en tu experiencia, historia, conocimiento y humanidad únicos. No se puede replicar.

Las habilidades son para el conocimiento lo que las prácticas son para la sabiduría. En este capítulo te ofreceré algunas prácticas de sabiduría que puedes incorporar a tu vida.

El filósofo y psicólogo John Dewey escribe: «La información es conocimiento que solo se adquiere y se almacena; la sabiduría es el conocimiento que opera en la dirección de los poderes para vivir mejor la vida». A medida que nos adentramos más en la mediana edad y nos empieza a parecer que el archivero de nuestro cerebro está cada vez más lleno, ser capaces de discernir lo esencial de lo tangencial se convierte en una habilidad cada vez más valiosa.

Yo acostumbraba definir *sabiduría* sencillamente como «experiencia metabolizada», pero eso ahora me parece incompleto. Entonces, mi nueva definición de *sabiduría* es «experiencia metabolizada que conduce a la compasión destilada». Una persona inteligente metaboliza su experiencia, pero una persona sabia imparte las ideas resultantes para el bien común. Yo lo llamo «compasión destilada» porque una persona sabia ofrece compasión de una manera que se adapta de forma exclusiva a la persona que la recibe.

Una de las revelaciones que he tenido desde que comencé la AAMM es la cantidad de jóvenes motivados para cultivar y cosechar su sabiduría. ¿Quién habría adivinado que más del 15% de las personas que acuden a un programa con la palabra *Elder* en su nombre serían *millennials?*

A sus 39 años, Adam McCants es un *millennial* que ha cultivado de forma asidua una relación con la sabiduría en el comienzo de su mediana edad. Es un fiel viajero que vivió la pérdida de muchos de sus seres queridos cuando era un adulto joven. Él cree que esas pérdidas aceleraron el crecimiento de su propia sabiduría y compasión. Apasionado por comunicar esperanza a los demás y motivado para aplicar su curiosidad y habilidad para la tecnología en el ámbito de la salud mental, Adam está en el proceso de crear herramientas que permitan a las personas manejar mejor lo que están viviendo emocionalmente.

Para Adam, la sabiduría genera empatía. El conocimiento es objetivo, neutro y sin emociones, pero la sabiduría tiene corazón. Cultivar su sabiduría a una edad temprana ha influido en la dirección profesional de Adam y es probable que lo salvara de la típica crisis profesional de la mediana edad que muchas personas sufren.

Como aseguró David Brooks:

> De tus propios momentos de sufrimiento surge una compasión genuina hacia la fragilidad de los demás... La gente sabia no nos dice qué hacer: empiezan por ser testigos de nuestra historia. Toman las anécdotas, racionalizaciones y episodios que les contamos y nos ven en una noble lucha. Ven nuestras narrativas tanto desde dentro, como las vivimos, así como desde fuera, de una manera en que nosotros no podemos.

A los 41 años y con dos hijos pequeños, un negocio en crecimiento, padres envejeciendo y una creciente influencia financiera y política, Caleb Quaid empezó a ser testigo de su propia historia. Como Adam y muchos otros *millennials*, Caleb ha ido por la vía rápida desde la edad adulta temprana. Como director de Administración de Empresas y director de Proyectos de los de Tampa Bay Buccaneers en la NFL (Liga Nacional de Futbol Americano) de Estados Unidos, supervisó más de doscientos millones de dólares en proyectos de capital para los Buccaneers, donde estuvo una década. El trabajo generó enormes sacrificios en su equilibrio entre la vida personal y laboral, en especial como padre joven.

Incluso después de que el equipo, liderado por Tom Brady (quien en realidad es considerado una persona mayor moderna en la NFL), ganó el Super Bowl y Caleb recibió un anillo con su nombre grabado, seguía sintiendo un vacío profundo. Su sabiduría interna le decía que su pasión ya no era el futbol americano, sino que se convertiría en empresario en el floreciente mundo de la «regeneración». De modo irónico, uno de los nuevos clientes de su empresa Regenerative Shift es su exempleador, los Buccaneers. Plantó una cerca viva de 102 metros cuadrados en el estadio Raymond James, utilizando bambú y plantas nativas. Caleb atribuye su inversión a la búsqueda de sabiduría a través de los principios budistas para encontrar una vida mejor y así evitar una crisis cuando se acerque a los 50 años.

Hay tres generaciones que pueden afirmar que están en la mediana edad en estos días: los *boomers*, la generación X y los *millennials*. Me alienta que los *millennials* al fin puedan ayudarnos a resignificar la identificación comercial de la mediana edad como una edad dedicada a nuestra vocación, no como una crisis.

Cómo comencé a cosechar sabiduría a los 28 años

«Nadie fue sabio jamás por casualidad». Estas palabras salieron de boca del filósofo estoico Séneca hace más de 2000 años. Hoy, son un recordatorio importante de que buscar la sabiduría es una elección y, con frecuencia, también es el resultado de una rodilla raspada o un ego golpeado. En otras palabras, nuestras dificultades actuales crean nuestros regalos futuros.

A los 28 años, tenía dificultades como joven director ejecutivo de mi empresa de hoteles *boutique*. El terremoto de 1989 sacudió San Francisco y dejó partes de la ciudad en llamas, el puente de la Bahía se derrumbó, y muchos habitantes de San Francisco se resguardaron en sus casas. Nadie sabía cuánto tiempo durarían las réplicas y, durante los siguientes seis meses, mi único hotel operaba a menos de la mitad de su capacidad normal. Se me estaba terminando el efectivo y no sabía qué hacer.

Un amigo mío me sugirió que empezara a escribir en un diario, tal vez porque ya estaba cansado de oír mis quejas. Mientras me acercaba casi cojeando hacia un fin de semana en particular, tomé un cuaderno nuevo de mis estantes y lo miré durante unos minutos, esperando que escribiera por mí. Ponía a todo volumen la canción «We Are the Champions» en una repetición sin fin porque ese mismo amigo me contó que eso fue lo que lo sacó del mal humor. No me funcionó… ni a mis vecinos.

Cuando me quedó claro que las páginas de este diario no se llenarían solas, comencé a escribir lo que había aprendido esa semana: lecciones de la escuela de la vida. Estas lecciones detalladas se leen casi como consejos que uno podría darle a un ser amado. Ese ser amado era yo.

Por ejemplo, una de ellas fue una lección que aprendí cuando fui a ver a mi banquero esa semana y le pregunté si podía obtener una línea de crédito. Me dijo que debería haber hecho la solicitud antes del terremoto, y con rapidez me enseñó la primera regla de los préstamos: nunca le prestes a alguien que lo necesita, solo a aquellos que no necesitan el efectivo en realidad. Amigo, si tuviera ese tipo de previsión mágica, ¡no estaría administrando un hotel en una zona poco segura de San Francisco!

Otra fue una lección sobre cómo reclutar a escépticos natos para apoyar una nueva idea antes de presentarla al equipo directivo. Esa semana tuve lo que pensé que era una idea brillante de *marketing*, aunque un poco extravagante: con la finalidad de atraer a residentes del norte de California, alquilaríamos una máquina de nieve y la estacionaríamos en nuestro patio junto a la alberca del hotel para que la gente pudiera hacer muñecos de nieve cuando viniera a San Francisco a hacer sus compras navideñas. Tan pronto como planteé esta idea al equipo, un par de escépticos explicaron todas las razones por las que no funcionaría, y la idea se derritió más rápido que un muñeco de nieve en California. Si me hubiera reunido cara a cara con los dos escépticos antes de la reunión y les hubiera pedido sus opiniones sobre cómo podría mejorarse esta idea, tal vez habrían sido más solidarios en la reunión del equipo.

Después de treinta minutos de reflexionar sobre mi semana, escribí a mano «Mi libro de sabiduría» en la portada: una tradición había roto el cascarón. Cada fin de semana registraba de forma diligente algunas de mis lecciones más importantes de la semana que había terminado (principalmente relacionadas con mi carrera o mi liderazgo, pero también de mi vida personal) y lo que había aprendido de ellas. Muchas décadas después, me di cuenta de que este ritual de fin de semana fue para mí una forma de cosechar y metabolizar mi sabiduría para que me diera servicio a mí y a los demás en el futuro.

Tú puedes hacer lo mismo. *El próximo fin de semana saca un cuaderno sin usar y anota algunas frases de tres o cuatro diferentes circunstancias que hayas vivido durante la semana, incluyendo cómo las manejaste (incluso si cometiste uno o dos errores), y lo que aprendiste de ellas. Esta es una práctica que puede acelerar el crecimiento de tu sabiduría.*

Aprender a apropiarnos de nuestra sabiduría

En la vida moderna, hablar de sabiduría puede parecer tabú, aunque se haya discutido durante miles de años. Tal vez se deba a que, si bien el conocimiento es obvio, la sabiduría es más efímera, incluso mística. Como indica David Brooks en su ensayo «Wisdom Isn't What You Think It Is» [«La sabiduría no es lo que crees que es»], es difícil identificarse con los ejemplos populares del sabio; además, menciona a Yoda, Dumbledore y Salomón. Por supuesto, cualquiera que proclame en voz alta que es sabio es en cierta forma una vergüenza. Ese es el enigma de la sabiduría: ninguna persona sabia profesa serlo.

Cuando llega la mediana edad, es hora de empezar a reconocer el hecho de que, asumiendo una cierta cantidad de intencionalidad, has desarrollado algo de sabiduría a lo largo de tus años. Piensa en la sabiduría como la encrucijada donde la pragmática de la vida se encuentra con la psicología de los humanos. Puedes ser el guardia de cruce en esta intersección. ¿Cuán bien te entiendes a ti mismo y a tus semejantes?

En su ensayo, Brooks señala que las personas sabias «son más parecidas a editores de historias que sabios». Cuando lo ves de esa manera, la sabiduría de pronto parece mucho más accesible. No necesitas ser un mago vestido de blanco que revela los secretos de la vida, ni un orador motivacional que declama clichés millonarios. Tú puedes ser un «oyente motivacional», alguien que está tan en sintonía para convertirse en un observador de primer nivel que ve el hilo conductor en la historia de sollozos de su mejor amigo. Eres un sondeador compasivo, lo que significa que tus preguntas no están pensadas para servirte y demostrar lo inteligente que eres; están formuladas para servir a los demás. Esto significa que ofreces ojos nuevos y un alma sabia.

En nuestra juventud, muchos nos sobreentrenamos en el análisis y nos falta entrenamiento en percepción (gracias a Peter Drucker por esa perspectiva). Sabemos pensar, pero no hemos aprendido de manera suficiente a *ver* y *sentir*. La mayoría de las personas vemos el mundo, pero no miramos lo que hay debajo de la superficie. No obstante, en la mediana edad nos volvemos lo suficientemente conscientes y pacientes como para mirar más profundo, el tiempo suficiente para que entre en juego nuestra intuición que reconoce patrones. Vive en ese lugar de sabiduría y tu presencia se convertirá en un auténtico regalo para quienes te rodean.

En la mediana edad, puedes ver a la vuelta de las esquinas. Ya desarrollaste la visión periférica necesaria para ver las posibles ventajas y desventajas secundarias de una decisión, y ya aprendiste a reconocer tus puntos ciegos y a evitar caer en viejos patrones. Si solo hubieras perfeccionado estas habilidades cuando tenías 20 años, al aceptar ese trabajo bien pagado que te cansó el alma, o cuando te casaste con la persona equivocada por lo que todos los demás pensaban de ella.

Pregúntate: «¿Confío más en mi capacidad de tomar decisiones hoy que hace veinte años?». Si tu respuesta es sí, ¿por qué no te enorgulleces un poco más de la sabiduría que has desarrollado?

¿Cómo puedo ser (aún) más sabio?

La sabiduría es un recurso ilimitado que podemos desarrollar en cualquier momento. La materia prima de la sabiduría, nuestra experiencia en la vida, es un esfuerzo que dura 24 horas al día, 7 días a la semana y 365 días al año. Pero no ocurre sin intención. A continuación, verás algunas maneras de desarrollar de forma activa e intencional tu sabiduría como habilidad esencial para la vida.

1. **Divulga tu sabiduría.** Cada año, haz una lista con los cinco consejos de sabiduría que podrías ofrecerle a alguien más joven que tú. No estarán en tu lista ni la capital de Paraguay ni cómo hacer un martini. Tu conocimiento no es tu sabiduría. Sabrás que es sabiduría genuina porque provendrá de tu corazón, de tu interior, del núcleo de quien eres. Considera hacer esto con algunos amigos, a fin de que compartan su sabiduría unos con otros.
2. **Recita la Oración de la Serenidad como práctica diaria.** Esto es muy especial cuando te enfrentas a situaciones desafiantes: «Concédeme la serenidad para aceptar aquello que no puedo cambiar, la valentía para cambiar aquello que puedo y la sabiduría para reconocer la diferencia». Distinguir entre constantes (aquello que no puedes cambiar) y las variables (aquello que puedes) no solo te convierte en matemático, sino en un ser humano

sabio. Esta oración es valiosa, tanto si eres religioso como si no.

3. **Bríndate orientación en tercera persona.** Por lo general, no tenemos problema para brindar consejos sabios a otra persona, pero nos resulta mucho más difícil aplicar la objetividad a nosotros mismos. Cuando una situación te concierna de forma personal —aconseja Igor Grossman del Wisdom Center de la Universidad de Chicago—, imagina que estás hablando con un yo lejano o futuro. Grossman sugiere utilizar lenguaje en tercera persona («¿Qué piensa Chip?» en lugar de «¿Qué pienso?» o «¿Cómo responderé dentro de un año?»), y cita investigaciones que muestran «que tales estrategias de distanciamiento ayudan a las personas a reflexionar sobre una gran variedad de desafíos de una manera más sabia y objetiva».
4. **Desarrolla tu intuición.** Si bien ha habido muy pocas investigaciones sobre la conexión entre la intuición y la sabiduría, ambas se apoyan en la inteligencia cristalizada y el reconocimiento de patrones. Comienza con la escritura de un diario de intuición y guárdalo en tu mesita de noche, en él podrás registrar tus sueños antes de que se pierdan en la memoria; tu subconsciente es un terreno fértil para la intuición. Cuando tengas una intuición sobre el carácter de una persona, el resultado de un gran decisión profesional o financiera, o incluso dónde podrías tener unas vacaciones

transformadoras, anota el pensamiento y la fecha. Y con el tiempo, ve cuántas de tus intuiciones resultan ser ciertas. Podrías empezar a sentir cada vez más confianza en tu intuición.

5. **Como equipo, grupo o familia, establece la práctica regular de preguntarse qué han aprendido.** Como ahora ya sabes, Mi libro de sabiduría es una de mis posesiones más preciadas. En el pasado, les pedí a algunos de mis equipos de liderazgo que dedicaran una reunión completa en persona para hablar sobre lo que aprendimos en el último trimestre o año, con la intención de crear un registro de nuestra sabiduría colectiva. Este puede ser un recurso tanto para compartir ideas como para aprender que expresar vulnerabilidad (lo opuesto a ser un sabelotodo) puede crear conexiones más profundas.

Una de las mayores recompensas de envejecer es ver las plantitas de sabiduría, sembradas en nuestros años de juventud, creciendo sanas y fuertes dentro de nosotros mismos. Y qué increíble tesoro es compartir esta sabiduría con los demás. Solo recuerda que las historias de guerra no son necesariamente sabiduría. Si no metabolizas tu historia, la adaptas al contexto de la situación y la ofreces con humildad, podrías obtener como respuesta solo un «Okey, *boomer*» de alguien más joven.

Mientras la inteligencia artificial continúa extendiéndose en nuestra sociedad y el conocimiento se mercantiliza cada vez más, nos estamos moviendo de la era de la información a la era de la intuición. Así que tengan cuidado, robots, hay un ejército de personas de mediana edad listas, dispuestas y capaces de compartir su experiencia metabolizada de una manera que haga del mundo un lugar mejor.

7

«Entiendo cómo me sirve mi historia»

Nadie conoce la historia de tu vida mejor que tú.

Una novela es una buena metáfora del viaje de la vida. Cuando tienes 25 años, es difícil pensar en tu vida como si tuviera una narrativa coherente. Cuando ya leíste una cuarta parte de un libro, en realidad no estás seguro de hacia dónde va y, si alguien te preguntara de qué trata, podría ser para ti un reto dar una respuesta. Pero, cuando vas a la mitad de una novela, sabes de qué trata y puedes describir los temas, aun cuando no sepas cómo terminará o qué giros te esperan. De manera similar, cuando tienes 50 años, ya has visto suficientes puntos de inflexión para comenzar a ver el hilo conductor.

En la mediana edad, puedes empezar a convertirte en el testigo iluminado y el guionista de esta historia. Cuando infundimos la conciencia de nosotros mismos en nuestra narración, ¡quién sabe qué clase de obra maestra podríamos diseñar! Este denso capítulo, que podría incluso ser un libro en sí mismo (siéntete libre de leerlo dos veces), te ayudará a elaborar tu obra maestra a partir de la materia prima de tu historia.

Joseph Campbell, quien popularizó la idea del periplo del héroe, creía en el descubrimiento de la verdad a través de las historias. En *El héroe de las mil caras*, describe el viaje así: «Un héroe se aventura desde el mundo cotidiano a una región de maravillas sobrenaturales. Allí se encuentra con fuerzas fabulosas y obtiene una victoria decisiva: el héroe regresa de esta misteriosa aventura con el poder de otorgar bendiciones a sus semejantes».

Campbell atribuye tres etapas a este viaje cíclico, según se representa en el diagrama: partida (separación), cuando el héroe se ve obligado a abandonar el mundo ordinario; iniciación, cuando el héroe cruza al otro mundo y enfrenta obstáculos; y regreso, cuando el héroe cruza el umbral de vuelta al mundo de donde vino, que ahora parece y se siente diferente, porque el héroe ha cambiado.

Uno de los beneficios de envejecer es ver los patrones o temas de nuestra vida. Esto no siempre es bonito, pero siempre es revelador. El psicólogo Carl Jung es famoso por formular el concepto de la sombra, la porción de nuestra personalidad que, a lo largo de nuestra vida, queda relegada a la oscuridad del inconsciente. En su obra *Aion*, analiza el papel del inconsciente en nuestra vida. Algunos han parafraseado a Jung de esta forma: «Aquello que no traemos a la conciencia aparece en nuestra vida como destino».

Cuando escucho la palabra *destino*, pienso en los mitos o en las historias que contamos estando acurrucados alrededor de una fogata, pero el destino no está necesariamente trazado desde antes (predestinado). Es algo en lo que podemos influir si estamos lo suficientemente despiertos como para ver nuestros patrones y modificar nuestra historia.

Hace poco conocí la visión del guionista Christopher Vogler, de Hollywood, sobre el periplo del héroe, la cual puede resultarles familiar a quienes ven muchas películas. Sus doce etapas, enumeradas a continuación, me inspiraron a imaginar mi vida como el periplo de un héroe.

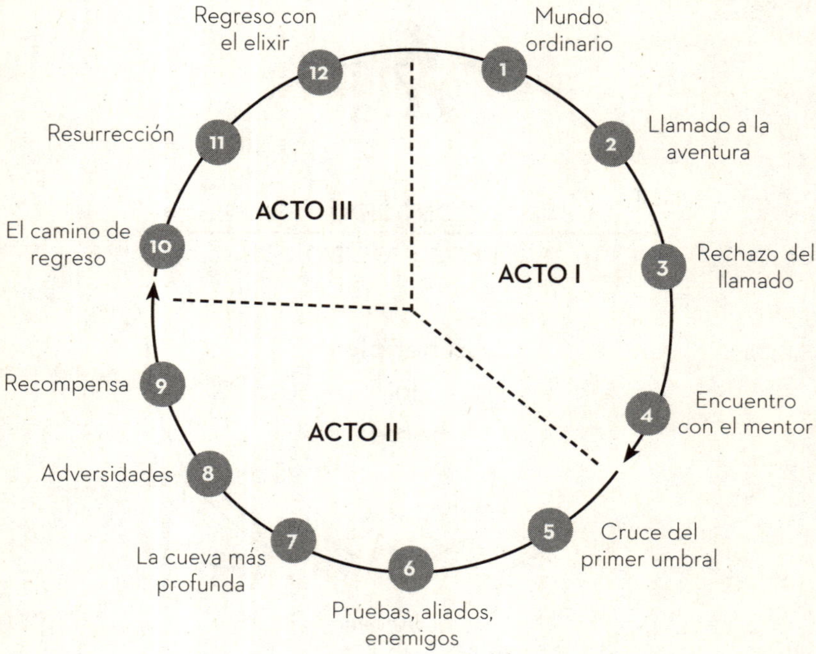

El periplo del héroe
La visión de Christopher Vogler sobre el monomito

Fuente: Christopher Vogler, *The Writer's Journey*, Studio City, California: 1998, Michael Wiese Productions.

1. El mundo ordinario
2. El llamado a la aventura
3. Rechazo del llamado
4. Encuentro con el mentor
5. Cruce del primer umbral
6. Pruebas, aliados y enemigos

7. Acercamiento a la cueva más profunda
8. Adversidades, muerte y renacimiento
9. Recompensa (apoderarse de la espada)
10. El camino de regreso
11. Resurrección
12. Regreso con el elixir

Como verás más adelante en este capítulo, cuando te presente a Joelle Calton, este modelo puede funcionar para el héroe o la heroína porque, al fin de cuentas, no se trata de ser un héroe, sino de ser humano.

El viaje de mi héroe

> Por lo general, alrededor de la mediana edad, llegamos a un punto donde ya vimos suficientes de nuestros propios trucos y llegamos a sentir que *mi yo sombra es quien soy*. Nos enfrentamos a nosotros mismos en nuestro estado crudo, sin adornos e incivilizado. Esta es la tierra de sombras donde nos guía nuestra propia estupidez, nuestro propio pecado, nuestro propio egoísmo, al vivir desde nuestro falso yo. Tenemos que abrirnos camino a través de esto con honestidad salvaje, confesiones y renuncias, algo de perdón y, con frecuencia, mediante alguna necesaria restitución o disculpa. El lenguaje antiguo lo habría llamado arrepentimiento, penitencia o despojo.
>
> Richard Rohr, *The Art of Letting Go*

Durante la segunda mitad de mi vida adulta, me he dedicado a hacer un mapa del laberinto emocional que ha guiado mi pensamiento y mi comportamiento. He tratado de ser valiente y estar lo suficientemente despierto para ver todas mis sombras, es decir, aquellos rasgos de personalidad, como el egoísmo, la impaciencia y el orgullo, que acechan en la oscuridad.

Para muchos, encontrarse cara a cara con nuestra sombra en la mediana edad nos hace querer correr hacia las montañas, ya que tenemos miedo de que algo nos aceche bajo la superficie de nuestra vida. Nos sentimos como si fuéramos el muñeco de un ventrílocuo, pero no nos damos cuenta de que el ventrílocuo somos nosotros.

Tu sombra no es un defecto, sino una parte natural tuya. Todos tenemos una. Aprender a ver tu sombra o los patrones que no te sirven requiere una mentalidad de crecimiento, una voluntad de mejorar, aunque en ocasiones sea doloroso ver tus hábitos o creencias en el espejo de aumento. Más adelante en el capítulo, podrás dar rienda suelta a tu curiosidad y a tu sentido de descubrimiento con tu sombra. Pero, por ahora, te llevaré en un paseo de medianoche por la mediana edad, hacia mi lado oscuro y de regreso.

Durante una reciente temporada navideña, fui a que me dieran una sesión de curación vibratoria con un chamán sudamericano que utilizó todo, desde campanas sagradas hasta un *didgeridoo* para despertarme de mi sueño de fin de año (sí, estoy abierto a modalidades extrañas para encontrar perspectivas). Si alguna vez te has dado un «baño de sonido», ya sabes que esta experiencia puede calmar tu sistema nervioso mientras sacude tu sentido de la realidad. Dios sabe que, en la mediana edad, necesitamos una sacudida que nos saque de nuestra forma de vivir por defecto: «lo mismo de siempre».

La noche posterior a esa sesión, tuve sueños vívidos. Me veía en parte como Luke Skywalker (*La guerra de las galaxias*) y en parte como Neo (*Matrix*) mientras atravesaba lo que parecía una cadena de desafíos. No estoy seguro de haber tenido alguna otra vez un sueño más profundo que este. Por la mañana, me sentí motivado a escribir algunas notas y, en las siguientes veinticuatro horas, surgió mi periplo personal del héroe: un patrón que puedo reconocer en muchos de mis emprendimientos a lo largo de mi vida.

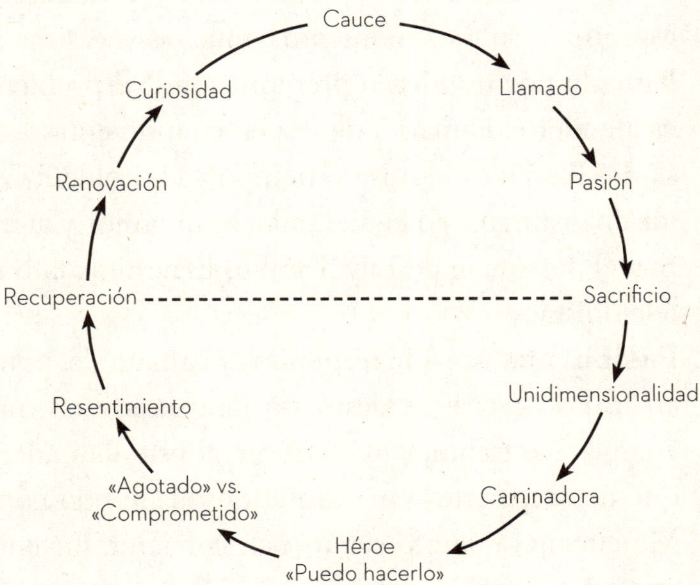

El periplo del héroe de Chip

Mi punto de partida es el «Cauce» en la parte superior del círculo. Esta es mi configuración predeterminada cuando la vida es buena: ser cauce de ideas catalíticas. Ya sean mis escritos, mis ideas de negocios o mi intuición sobre las personas, cuando estoy en mi mejor momento, tengo la capacidad de aprovechar el espíritu general de la época hasta el punto de que la gente me llama «surfista del espíritu general de la época». ¡Al menos esa es una forma de *surf* que puedo practicar bien! Al crear este diagrama, sé que necesito entender con más claridad qué condiciones me permiten ser el mejor cauce.

1. **Llamado:** cuando mi canal está abierto, mi conexión con la conciencia colectiva tiene todas las rayitas de wifi espiritual. En esos momentos, muchas veces me siento llamado por un idea o premonición. Mi problema no es atender el llamado; de vez en cuando entran demasiados llamados al mismo tiempo y el problema es tratar de distinguir en cuáles enfocar mi amor y atención. Soy el personaje de Lily Tomlin, Ernestine, la burlona telefonista.
2. **Pasión:** una vez que respondo al llamado, el potencial en bruto de la idea despierta una pasión en mí, una energía para comprometerme con este llamado, aunque me despierte y me saque de mi mundo cómodo. Me encanta cuando siento esta corriente fluyendo en mis venas, en especial ahora, en la mediana edad, una etapa que muchos consideran un tiempo de letargo.

3. **Sacrificio:** la consecuencia natural de la pasión es la voluntad de sacrificar. Aquí es donde comienza la etapa liminal del periplo del héroe. En el mundo moderno, hacer un sacrificio suena como sufrimiento o pérdida autoinfligido, pero yo lo veo como sinónimo de devoción, una oportunidad de hacer una promesa de lealtad y entusiasmo hacia algo más grande que yo.
4. **Enfoque unidimensional:** aquí es donde me sumerjo bajo la superficie de lo que es familiar, y las cosas pueden comenzar a tornarse espinosas. Mi tendencia habitual es centrarme tanto en esta nueva pasión que puedo descuidar otras partes de mi vida. Aquí es cuando empiezo a escuchar (y a intentar ahogar) las voces de amigos y familiares que me preguntan si se me zafó un tornillo. Pero, en esta etapa del viaje, siento que encontré los tornillos de mi mediana edad.
5. **Caminadora:** entonces, como soy un poco adicto a los logros, tiendo a subirme a la caminadora y empezar a correr hacia este llamado. Mi ambición se activa y yo sigo aumentando la velocidad. Soy un emprendedor clásico: no conozco mis límites hasta que los supero. Vivo según el espíritu del libro infantil *The Little Engine That Could* (La pequeña locomotora que podía): «Creo que puedo, creo que puedo, creo que puedo…».
6. **Héroe «Puedo hacerlo»:** en el fondo de este ciclo, mi ego individualista y rudo emerge a lo grande. Para aquellos que conocen el número tres del Eneagrama, ese soy yo, completamente amplificado, como una lo-

comotora. El problema con este momento de mi viaje se puede resumir en el dicho: «Si quieres ir rápido, ve solo. Si quieres llegar lejos, ve con más personas». Puedo empezar a no estar en sintonía con mi equipo. Tengo una impaciencia existencial con todos, incluso conmigo mismo.

7. **«Agotado» vs. «Comprometido»:** cuando vivo mi vocación y siento mi propósito, tengo una intensa resistencia y un umbral alto para el dolor, es decir, hasta que topo con pared y me doy cuenta de lo exhausto que estoy. Es cuando me pregunto si estoy «agotado» o «comprometido» con respecto a este esfuerzo. Siempre espero estar comprometido, pero en un mal día me siento agotado. Durante esos momentos pasados, llegué a mi nadir, que se encuentra en el punto ocho de este viaje.
8. **Resentimiento:** aquí es cuando el resentimiento puede comenzar a filtrarse. ¿Por qué soy yo el que tiene que hacer esto, aquello o lo otro? ¿Por qué los demás no me siguen el ritmo o no hacen más? Aquí es cuando me convierto en la víctima, un papel que detesto en mí y en los demás. Seguramente has oído hablar de «Mercurio retrógrado», ¿verdad? Este es mi «circuito retrógrado». Este soy yo en mi peor momento.
9. **Recuperación:** suponiendo que soy lo suficiente consciente de mí mismo para saber lo que está pasando (o que mis compañeros de trabajo o mis amigos me lo indican), busco formas de recuperar mi sentido de

energía e intención, muchas veces alejándome de los demás y haciendo cosas que me devuelven a la vida, de forma física, emocional y espiritual. Doy caminatas de asombro (mencionadas en el capítulo 5) y aumento mi práctica de meditación.

10. **Renovación:** con suerte, en esta etapa, veo los frutos de toda la labor. Incluso si no regreso a casa triunfante, siento que vuelvo transformado, con toda la nueva sabiduría que he acumulado en el proceso y con la esperanza de ser aún más sabio en mi siguiente aventura. Este es un momento perfecto para reflexionar sobre mi aventura y metabolizar mi experiencia.
11. **Curiosidad:** al fin tengo el tiempo y el espacio para sentir curiosidad, y todo el proceso milagroso puede comenzar de nuevo. Hace mucho tiempo, los exploradores fueron en busca de la fuente de la eterna juventud, pero lo que yo busco es la fuente de la curiosidad, ya que esa es siempre la fuente de mi creatividad y alegría.
12. **«Cauce»:** de «Cauce» a «Puedo hacerlo» y luego de nuevo a «Cauce», una y otra vez. Este es un patrón común en mi vida. Cuando paso de «puedo hacerlo» a «cauce», ya no siento que estoy trabajando; estoy fluyendo. Soy el «guiado», no el guía.

Antes de que pudiera trazar mi historia de esta forma, no lograba entender con cuánta frecuencia vivía en este patrón y lo mucho que mi sombra acechaba bajo la superficie. Puedo ver que esto es un viaje maravilloso en el que me he sentido guiado varias veces en mi vida. Ahora que he descubierto algunas de las partes de sombra de mi periplo del héroe, espero que el próximo se sienta menos traicionero.

Puedes notar que mis doce etapas en este viaje no coinciden con las de Christopher Vogler que vimos antes en el capítulo. En efecto, cada uno de nosotros tiene que trazar el viaje de nuestro propio héroe; no hay fórmulas, solo guías. Por ende, este periplo del héroe no es una propuesta de una única ocasión y no define la travesía de toda mi vida; es un viaje que he recorrido muchas veces a lo largo de mi vida.

Estoy seguro de que tu periplo del héroe será diferente al mío. Podría tener solo seis u ocho etapas, o podría tener veinte, pero en cualquier viaje de este tipo habrá etapas que parezcan estar en conflicto. Una vez que hayas trazado tu propio viaje, traza una línea entre cada etapa y la del lado opuesto, y toma nota de la polaridad.

Para mí, la pasión es lo opuesto al resentimiento y el enfoque unidimensional es lo opuesto a la renovación holística. Entender estas polaridades nos dice lo que se necesita para recuperar el equilibrio. En mi caso: buscar más colaboración, tener cuidado con mi tendencia al pensamiento miope y a la concentración «como de láser» cuando me sumerjo en un proyecto apasionante, e incorporar prácticas de bienestar que me restauran, en especial cuando estoy más obsesionado con un proyecto.

El periplo del héroe es un guion de vida que revisamos de forma constante.

¿Qué pasaría si imaginaras tu vida como el periplo de un héroe?

No sientas ansiedad al evocar tu historia del periplo del héroe. Si tienes dificultades, considérala como un crucigrama y usa las pistas de tu vida para completar las etapas faltantes de tu aventura cíclica. Recuerda, en la mediana edad has tenido suficiente experiencia de vida para ver algunos patrones. Para probar esto tú mismo, considera la siguiente guía y las preguntas:

1. **Empieza por imaginar un momento crucial de tu vida que se ajuste a la estructura de tres partes:** (a) desviación de tu vida normal, (b) una iniciación a un mundo desconocido lleno de aventura o desafío, y (c) el regreso a lo que parece tu vida normal, pero cambiada porque tú cambiaste. Podría ser cuando estudiaste la universidad en el extranjero, cuando te alistaste en el ejército o cuando te casaste. Algunos de estos pudieron haber incluido una ceremonia para marcar tu rito de iniciación: tal vez asististe a una orientación, una iniciación, o tuviste una boda. En cuanto al escenario, piensa que la parte superior del círculo es tu posición por defecto; la porción de ti mismo que a menudo actúa como un catalizador para lo que viene después podría ser tu instinto o tu intuición, tu aburrimiento, tu conocimiento de ti mismo, o prácticamente cualquier otra cosa; para mí, es ser el cauce para las ideas.

2. **No sientas que necesitas dibujar un círculo y rellenarlo en esta etapa inicial.** No es necesario que enumeres tus etapas en orden desde el principio; solo anota cualquier idea que te surja. Si te quedas en blanco, echa otro vistazo a las doce etapas de Christopher Vogler, mencionadas en este capítulo. Esto podría iluminar algunos de los elementos clave de tu viaje. Además, considera si hay algún arquetipo que te defina: el mago, el cuidador, el explorador; esto podría influir en la manera en que articulas tu viaje.
3. **Identifica las partes oscuras de ti mismo que surgieron cuando estabas fuera de tu zona de confort.** Al emprender este viaje, ¿cuáles fueron algunas de las emociones que sentiste cuando enfrentaste tus primeros desafíos y cómo los superaste? Solo debes saber que es probable que la sección intermedia de este viaje haya sido dolorosa o, al menos, aventurera, y puede haberte enfrentado con alguna parte de tu personalidad en la sombra (en mi caso, eso significó trabajar demasiado y sentirme resentido). Luego pregúntate cómo te sentiste al salir del otro lado. ¿Tuviste una sensación de logro?, ¿una evolución en cómo te veías a ti mismo y al mundo? Si todavía te sientes estancado, intenta escribir un cuento de hadas de tu vida para niños. Comienza con «Érase una vez...» y haz tu mejor esfuerzo por ser objetivo y honesto. Quizá te sorprenda la revelación que surge.
4. **Identifica frustraciones comunes y trabaja en reversa.** Intenta pensar en al menos dos o tres expe-

riencias fundamentales de tu vida. Luego da un paso atrás y pregúntate: «¿Qué puedo aprender de mis patrones pasados?». Cuando sentimos que no aprendimos algo de experiencias pasadas, tendemos a sentirnos frustrados con nosotros mismos. Trabaja hacia atrás ante esa frustración. ¿Qué sombra o emoción pudo haberte provocado este patrón?, ¿fue envidia, miedo, búsqueda de riesgos, perfeccionismo o una de las formas arquetípicas de ser como el rebelde que tiene que ser diferente o el bufón que usa chistes para desviar la atención y distraer?

5. **Dibuja un círculo y traza las etapas de tu historia en lo que parece la progresión natural de esta.** Tal vez descubras, como yo, que existen algunas polaridades en los lados opuestos del círculo. Luego pregúntate cómo podrías usar este dibujo para ayudarte a entender tu camino de ahora en adelante.

Joseph Campbell señala lo siguiente: «El primer problema del héroe que regresa es aceptar como reales, después de una experiencia de la visión de la plenitud que satisface el alma, las alegrías y las tristezas pasajeras, las banalidades y las ruidosas obscenidades de la vida». Esto es parte de la razón por la que quienes buscan emociones fuertes a menudo emprenden otra aventura poco después de que haber regresado a casa. Les encanta la adrenalina de estar ahí afuera en el mundo matando dragones.

Pero, en tu periplo del héroe, el dragón puede matarte. Si eres sabio, te harás humilde y aprenderás. Te sacudirás el polvo y vivirás según el dicho japonés: «Cae siete veces, levántate ocho». No tienes que ganar. Solo tienes que saborear la victoria de volverte más sabio como resultado de este viaje. Si no lo haces, es posible que te encuentres viendo la misma película una y otra vez, quejándote del nuevo trabajo, jefe o cónyuge después de haber dejado a los anteriores. Un «cambio» es circunstancial y situacional, pero una verdadera «transición» es psicológica y espiritual.

Tu periplo del héroe debería dejar una marca indeleble en tu mente y en tu alma para que tu cambio sea para siempre. En este sentido, reflexionar en tu viaje te dará un plan de acción claro sobre cómo diseñar la segunda mitad de tu edad adulta de forma más consciente y alegre.

El periplo del héroe de Joelle

Joelle Calton nació en un pequeño pueblo de quinientas personas en el delta de los ríos Sacramento y San Joaquín, una antigua comunidad agrícola con poco más que una tienda general y un bar en Main Street, la calle principal. A lo largo de las décadas, la ciudad mimó a sus residentes con una abundancia de cerezas y duraznos, mientras los paralizaba con la pobreza y la falta de oportunidades. Joelle y su madre eran increíblemente pobres y vivían en sótanos, en remolques sencillos y en viviendas para inmigrantes durante gran parte de su niñez.

Mientras tanto, la vida de su padre en San Francisco parecía rica y brillante, por su exitoso ascenso en el sector inmobiliario tras superar su propia pobreza infantil en el sur de Missouri. Como padre de cuatro hijos, se propuso exponer a sus hijos a tantas experiencias y oportunidades como pudiera, en especial, apoyo educativo. Pero temprano en su vida, los padres de Joelle se divorciaron. Al ser la hija menor, Joelle quedó separada de sus hermanos, quienes se fueron a vivir con su padre, mientras que ella permaneció en su pequeño pueblo con su mamá. Aunque entonces no era consciente de ello, en ese momento, Joelle se dio cuenta por primera vez de que necesitaba ser autosuficiente y práctica para poder sobrevivir.

Joelle afirma: «Mi periplo del héroe no es de cambios repentinos y dramáticos. No me arrastró un tornado fuera de Kansas. Nadie me entregó un anillo ni un sable de luz para que lo usara, culminando en una batalla final en busca de la salvación y el sentido. No hubo una pasión que me consumiera y me impulsara a tomar buenas decisiones y a alejarme de las malas».

Su viaje fue lento y sinuoso. Plagada de dudas sobre ella misma y con una percibida escasez de opciones, abandonó la preparatoria. Comenzó y dejó la universidad cuatro veces, y fue mesera durante quince años antes de graduarse, terminar su segundo programa de doctorado e iniciar una carrera profesional ejerciendo como psicóloga.

Volviendo la vista hacia atrás, fue una invitación de un mentor improbable, su padre, quien volvió a su vida cuando ella era adulta, lo que al fin le dio el permiso para lanzarse. Y tal vez eso es todo lo que necesitamos: alguien que nos vea, que nos refleje lo que no podemos ver, que ofrezca una sutil invitación a ir más lejos, a buscar algo desconocido, a crecer. ¡Pero rara vez sucede en un único momento que cambie la vida! Puede haber un instante que nos mueva de la intención a la acción, pero como culminación de los miles de pequeños instantes que llegaron antes.

Como señaló Joelle: «Dicen que hay una muerte por mil cortes, pero quizá haya también un crecimiento por mil cortes».

Joelle continuó:

> Vi que, a través de todos los giros y vueltas, a través de dos carreras que no podrían parecer más diferentes en la superficie, me apoyé en las mismas habilidades para guiarme en mi vida temprana y en la posterior: enfocarme en las personas, anticipando sus necesidades gracias a mi intuición, y sentirme humilde y honrada de estar presente en su experiencia, sintonía y discernimiento. Y aunque colgué el delantal de mesera de un restaurante a los 31 y colgaré mi letrero de psicóloga a los 56 años, sé que esas mismas habilidades serán (tienen que ser) una parte integral de donde sea que me lleve mi viaje a continuación.

En la mediana edad, Joelle por fin siente que ha comenzado a ver el panorama más grande. Se ha dado cuenta de que ser una servidora no es tan diferente de ser una terapeuta. Después de todo, ya sea que celebren un aniversario o estén pasando por un divorcio difícil, las personas necesitan que las cuiden, las vean y las entiendan. Ahora, casada por primera vez a los 56 años y madrastra por primera vez, aplica esas mismas habilidades en su nuevo papel.

Hoy se siente más autosuficiente y segura de lo que su yo de la infancia jamás hubiera soñado posible, gracias a saber que ha desarrollado cierta sabiduría, y algunas habilidades, a lo largo del camino.

La profunda comprensión de las personas que Joelle desarrolló temprano en la vida ha sido un hilo conductor en su historia. Aunque tenía dificultades en la escuela (lo que ella llama sus «adversidades», de acuerdo con el modelo de Christopher Vogler), siempre ha tenido una curiosidad natural por las personas y el mundo, y sus experiencias de vida la obligaron a desarrollar autosuficiencia y resiliencia, lo que significó que a menudo llevaba un espíritu rebelde a su alrededor mientras prestaba atención a su «llamado a la aventura».

Esto, a su vez, la ayudó a aprender más sobre sí misma y a desarrollar un discernimiento y una sabiduría que le permitieron servir a otros. Y, como extrovertida, la impulsa el sentido de conexión que obtiene al servir a otras personas y gracias a sus relaciones profundas con un grupo cercano de amigos, lo que la lleva de regreso una vez más a la cima del círculo.

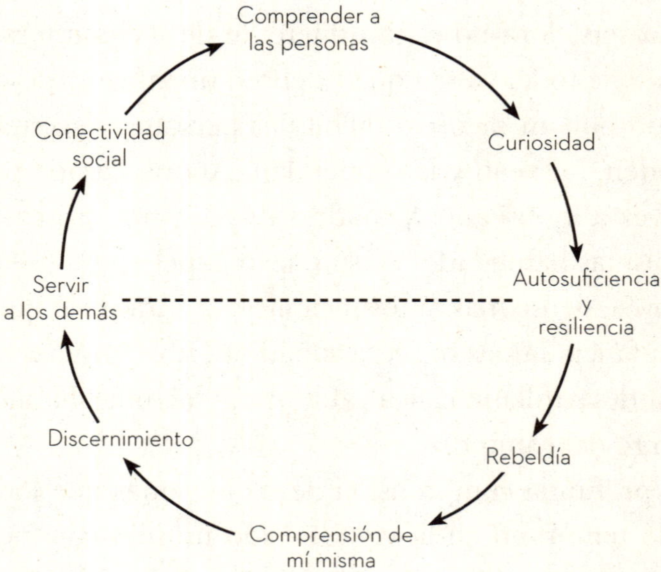

El periplo del héroe de Joelle

Como puedes ver, al igual que ocurre con mi periplo del héroe, las yuxtaposiciones son bastante esclarecedoras: comprender a las personas frente a comprenderse a uno mismo; autosuficiencia y resiliencia frente a servir a los demás.

El poder de escribir nuestro propio guion

Tenemos la posibilidad de elegir cómo contamos la historia de nuestra vida. No escribimos con tinta permanente. No ganamos puntos por la coherencia, ni por la precisión. Podemos cambiarla en cualquier momento, por cualquier motivo, incluido uno tan simple como hacernos sentir mejor. Después de todo, una fun-

> ción principal de nuestra historia de vida es permitirnos situar las experiencias difíciles firmemente en el pasado y tomar de ellas algo beneficioso que nos permitirá prosperar en el futuro. Solo cuando eso suceda, sabremos que nuestra transición se habrá completado.
>
> Bruce Feiler

No hay mejor guionista de la historia de tu vida que tú, en especial en el desorden de la mediana edad. Si bien puede ser difícil de creer, entiendes mejor que nadie lo que te trajo a este lugar en vida. Es posible que hayas resultado herido durante el camino; pero, en el fondo, sabes que tus heridas contienen tu sabiduría. Solo encuentra el hilo conductor y muestra cómo una acción lleva a la siguiente. Tu historia me ayudará a entender mi historia, ya que muchos de nuestros temas humanos son comunes.

Lo más importante es el ingrediente común de todas las historias bien contadas: el amor por la historia y los personajes. Con suerte, cuando madures hasta la mediana edad, te habrás enamorado de tu historia y de los personajes que la componen, incluyéndote a ti mismo, o al menos te habrás familiarizado con sus debilidades y errores, que no generan desprecio, sino compasión.

8

«He aprendido a editar mi vida»

El paseo se convierte en viaje solo después de que perdiste tu equipaje.

La experiencia de la mediana edad es un poco como ser una serpiente mudando de piel. Así como los humanos crecen y les queda chica la ropa, el cuerpo de la serpiente crece, pero no su piel. Entonces, la serpiente crea una capa de piel nueva y más espaciosa, y muda la vieja, junto con cualquier parásito dañino que se haya adherido a ella. Como el filósofo Friedrich Nietzsche sugiere en *Aurora. Pensamientos sobre los prejuicios morales:* «La serpiente que no puede mudar su piel debe perecer». Como aprenderás en este capítulo, esta transformación se hace infinitamente más posible creando un ritual que llamo la Gran edición de la mediana edad.

¿Estás listo para tu muda de piel de la mediana edad? Deshacernos de nuestra vieja piel, ese barniz que presentamos al mundo, no es un trabajo fácil. Después de todo, muchas veces hemos construido nuestra vida e identidad sobre una casa de tarjetas de presentación. Hemos asumido compromisos con todo tipo de gente que apuesta por que no cambiemos; ni un poquito.

Porque si cambiamos, ellos tienen que cambiar. Por supuesto, los tiempos difíciles nos obligan a modificar nuestro hábitat: rodearnos de personas que también están listas para experimentar el rito de iniciación que nos brinda el valor para mudar de piel.

Decepción = Expectativas - Realidad

La mediana edad es el momento en el que aceptamos el hecho de que nunca vamos a ser el presidente de nuestro país, visitar todos los países del mundo o ganar un Grammy. Es cuando nos damos cuenta de que tal vez no nos casamos con nuestra alma gemela perfecta, que nuestros hijos no van a una universidad de la Ivy League, que tenemos muchos menos ceros en nuestra cuenta de ahorros de lo que esperábamos o que nunca llegaremos a los 25 000 seguidores en Instagram. Pero es también el momento en que reconocemos estas aspiraciones por lo que son: fantasías de nuestro yo más joven. En cuanto a mí, me di cuenta de que nunca escalaré el Monte Everest, una aspiración que tenía desde hace mucho tiempo, y he hecho las paces con eso.

El choque de las expectativas juveniles con la realidad puede resultar alarmante al comienzo de nuestra mediana edad. Pero también puede ser un momento en el que al fin nos liberamos del peso de estas expectativas, dejamos ir nuestra decepción y encontramos algo de paz.

Las ciencias sociales han demostrado que las personas más jóvenes sobreestiman de forma consistente y marcada su grado de satisfacción cinco años después, mientras que las personas mayores la subestiman. Los investigadores descubrieron que, durante la mediana edad, nuestra satisfacción con la vida está disminuyendo (esa es la curva en U), pero nuestras expectativas también están empezando a disminuir, y que, de hecho, tienden a hacerlo incluso más rápido que la satisfacción misma. Sin embargo, con el tiempo, las expectativas se tornan más realistas que en la juventud y la realidad comienza a superarlas. Esto ocurre alrededor de la década de los 50 años y es parte de la razón por la que la satisfacción de la vida comienza a aumentar de nuevo.

Entonces, ¿cómo afrontas el periodo inicial de las decepciones? Primero, pregúntate: «¿Estoy frustrado o decepcionado?». Cuando estás decepcionado, significa que todo está perdido y la lucha terminó. Pero la frustración es el sentimiento que tenemos cuando creemos que todavía estamos en el juego. Si estás frustrado (y no decepcionado), puedes utilizar esta energía para alterar tu realidad.

Tienes dos opciones cuando enfrentas una decepción: mejorar tu realidad o reducir tus expectativas. Si no puedes alterar tu realidad, la única variable que queda en esta ecuación es la expectativa. A muchos nos resulta difícil hacer esto. Creemos que la expectativa es lo que impulsó nuestra ambición y nuestro éxito en primer lugar, por lo que privarnos de ese combustible parece ser el primer paso hacia la indefensión aprendida. Así que nos peleamos, alimentados por la frustración, intentando cambiar nuestra realidad.

Una mejor manera de controlar tu decepción es distinguir entre expectativa y esperanza. Una expectativa es una fuerte creencia de que algo sucederá en el futuro, mientras que la esperanza es un sentimiento de optimismo o un deseo de que eso suceda. La esperanza es eterna, mientras que las expectativas son con frecuencia una fantasía fugaz.

Hay otra trampa con la que debemos tener cuidado: envolver una expectativa con la arrogancia de sentir que tenemos derecho. Aquí es cuando encubrimos nuestra decepción diciendo: «Maldita sea, yo me lo gané. ¿Por qué me lo robaron?». Si tu negocio fue destruido por la pandemia o tu pareja romántica te abandonó, sentir que tienes derecho aumenta la exigencia de tus expectativas, lo que conduce a una mayor decepción.

Entonces, mientras le damos la bienvenida a una mayor esperanza de vida (vivir más tiempo), debemos tener cuidado con nuestra expectativa sobre la vida (el anhelo como forma de vida). Como escribe el filósofo Séneca en *De la brevedad de la vida*: «El mayor obstáculo para vivir es la expectativa, que pende del mañana y pierde el hoy… El futuro entero radica en la incertidumbre: vive de inmediato».

Dejar ir una identidad te permite crear una nueva

Para muchos de nosotros, el reconocimiento de nuestras expectativas de la mediana edad se relaciona con nuestra carrera. Quizá no hemos avanzado tan alto en la escala como alguna vez esperábamos, o nos sentimos amenazados por la nueva generación de veinteañeros ambiciosos que se suman a nuestras filas cada año (seguimos envejeciendo, pero la nueva cosecha siempre tiene la misma edad). O tal vez el trabajo representa la combinación desafortunada de máxima productividad con mínima inspiración.

«Yo soy mi trabajo». ¿Existe algún mantra más estadounidense (hablado o tácito) que este? Conozco este desgastado axioma que describí en mi propio concepto de mí mismo durante la mayor parte de mi vida adulta. Durante décadas, cuando alguien me preguntaba cómo estaba, yo hablaba de inmediato sobre cómo le iba a mi empresa. Nunca olvidaré cuando mi amiga Vanda me interrumpió y señaló: «No, Chipper, te pregunto cómo estás TÚ». Esta puede ser una pregunta difícil de responder no solo porque nuestra identidad profesional se nos pega como una curita demasiado entusiasta, sino también porque en la mediana edad desempeñamos muchos papeles: padre, hijo, cónyuge, colega, colaborador, ciudadano. Hay un TÚ singular y uno plural. Entonces quizá sea el momento de considerar cuántos TÚ habitas, más allá del TÚ de la firma de tu correo electrónico.

Por fortuna, en la mediana edad, con frecuencia empezamos a ver nuestra vida profesional (y nuestro ego) desde el punto de vista de un sabio observador, con suerte con un toque de humor. Empezamos a reconocer que incluso las palabras que utilizamos para describir nuestro trabajo son tóxicas. Tenemos fechas «límite». Estamos «fritos» cuando perdemos nuestro trabajo. Estamos «matando el tiempo» en el trabajo. Cuando nos va bien, la gente nos dice que nos va «de maravilla». Nuestros clientes son el «objetivo del mercado». Estamos «hasta el carajo de ocupados» y nuestro trabajo se considera una «ocupación», la misma palabra que usamos para describir cómo un país extranjero invade a su vecino. Empezamos a preguntarnos por qué exactamente estábamos «luchando» en primer lugar.

Para Aaron Taylor, la leyenda del futbol americano y miembro de la facultad de la AAMM, su ocupación era su salvavidas.

Jugar futbol americano era el último recurso para un adolescente que estaba fuera de control. Él y su madre soltera, Mardi, cambiaban con frecuencia su lugar de residencia, por lo que la infancia de Aaron fue inestable. Fue el futbol americano y, en concreto, jugar para uno de los entrenadores de preparatoria más conocidos de Estados Unidos lo que aportó algo de estructura y autoestima a la vida del joven Aaron. Después asistió a la Universidad de Notre Dame, donde más tarde sería miembro del Salón de la Fama del Futbol Americano Universitario, se incorporaría a la NFL en la primera ronda del *draft* y ganaría un anillo de Super Bowl con los Green Bay Packers. ¡Qué vida!, ¿no?

Es probable que puedas adivinar hacia dónde va esta historia: una serie de lesiones lo obligaron a retirarse a la avanzada edad de 28 años. Era vip, tenía un auto elegante y una casa grande, e iba bien en su camino hacia la independencia financiera. Sobre el papel, estaba viviendo el sueño americano. Pero, desafortunadamente, su identidad entera, desde que era un adolescente, había girado en torno a ser una estrella del futbol.

Los deportes profesionales habían creado la estructura y la disciplina para que él sobresaliera. Sin la NFL, la vida de Aaron como pip (una persona anteriormente importante, por sus siglas en inglés) se vino abajo, es decir, hasta que bajó los pies a la tierra y encontró un propósito. Atravesó su transformación de mediana edad mucho antes que la mayoría de nosotros, pero así ocurre con frecuencia en aquellos que alcanzan la cima de su desempeño en carreras que favorecen a los jóvenes: atletas profesionales, modelos, ejecutivos de publicidad en Nueva York e ingenieros de software de Silicon Valley.

Aarón me dijo:

> Lo primero que tuve que hacer fue ser honesto conmigo mismo sobre lo que estaba pasando. Tuve que sentir el dolor que tenía por la pérdida de mi identidad futbolística, así como los ingresos saludables que alimentaban mi frágil ego y elevaban mi estatus social. De forma extraña, me sentía asustado, tímido e inseguro, porque por primera vez en mi vida adulta no tenía

> el control total de mi destino. Al final, la falta de propósito, de significado y de una comunidad vibrante a la que llamar mía me dejó sintiéndome como si hubiera perdido el partido más importante de mi vida… en todos los frentes.

La resurrección de Aarón se produjo cuando aceptó que debía no solo rendirse ante su adicción a las drogas y el alcohol, sino también dejar de lado su identidad como atleta profesional. Descartó su «cara de juego» (ya que en ese momento tenía una reacción alérgica a esa máscara) y se transformó en analista de televisión de futbol universitario y en un defensor de la salud mental que podía compartir su historia con franqueza, sabiduría y vulnerabilidad. Una vez más, se convirtió en un modelo a seguir. Pero esto no habría sucedido si hubiera continuado suspirando por su identidad pasada como estrella del futbol.

No eres ni tu trabajo, ni tu cuenta bancaria, ni tu coche brillante. No eres tu esposa o tu marido trofeo. No eres siquiera tu cuerpo. Eres algo mucho más maravilloso y expansivo que eso. La mediana edad es tu oportunidad de oro para despojarte de las máscaras que has usado durante tanto tiempo.

Ritualizar la «gran edición de la mediana edad»

La mejor manera de correr el maratón de la mediana edad es no llevando equipaje adicional. Por supuesto, es más fácil decirlo que hacerlo.

La primera mitad de la vida consiste por lo general en sumar y acumular: no solo posesiones, amigos o relaciones románticas.

También se trata de reunir todos esos cargos profesionales y títulos que hemos desempeñado, todas las experiencias de fracasos, arrepentimientos, desafíos y oportunidades perdidas, todas las historias que hemos vivido y que nos hemos contado.

Puede ser un peso muy grande como para soportarlo. Intenta arrastrarlo junto contigo en este maratón y probablemente estarás agotado para tu quincuagésimo cumpleaños. Por tanto, como señala el poeta David Whyte, la mediana edad se trata de una «simplificación radical».

Los «compadres» que se presentan en la AAMM con mayor sensación de necesidad son aquellos que se dan cuenta de que es hora de su «Gran edición de la mediana edad». Están clasificando los muebles de su pasado, llenos a reventar, y descubren lo que ya no les sirve: de lo que (y de quien) por fin pueden deshacerse, no importa si es un rencor que han estado alimentando durante décadas, el uso habitual de alcohol como su principal mecanismo de afrontamiento, una relación que sobrevivió más allá de su utilidad, o una identidad que ya no los define.

Para algunos, es encontrarse cara a cara con el hecho de que han estado viviendo la idea que otra persona tenía de su vida, todo mientras la voz de David Byrne suena en su cabeza: «Y puedes preguntarte: "Y bueno, ¿cómo llegué aquí?"» («And you may ask yourself, well, how did I get here?»).

Es notable lo ligero y libre que te sientes cuando sueltas todo este equipaje.

La primera mitad de la vida se define muchas veces con la pregunta: «¿Qué espera el mundo de mí?». Lo que espera es la búsqueda de la felicidad mediante la validación, cuyo sistema operativo es con frecuencia el ego propio. Por el contrario, después de una semana en nuestro campus de Santa Fe Ranch, la pregunta que escucho con mayor frecuencia de nuestros alumnos es: «¿Cómo puedo servir al mundo y al mismo tiempo buscar algo de satisfacción para mí?». Esta es una pregunta que habla de la promesa de la segunda mitad de la vida: alegría, curiosidad y servicio, guiados por el sistema operativo de nuestro corazón y nuestra alma.

A la alumna de la AAMM, Connie Michaelis, de Kansas, le encanta cocinar y sugiere que el proceso de edición que emprendemos en la mediana edad es como un buen método de reducción. Ella dice: «Ya sea que estés haciendo una salsa cremosa de caramelo o una salsa para el puré de papa, se necesita tiempo, calor y un poco de agitación; todo ello sin tapa para lograr el sabor perfecto. La vida es aprender a dejar atrás lo que no es esencial. Solo déjalo quemarse y aprecia la rica y dulce reducción que queda». Connie, ¡tienes a mis papilas gustativas bailando!

Aquí te muestro un ritual colectivo que hacemos al final de las primeras 24 horas de un taller de la AAMM de una semana de duración, adaptado para que lo hagas en casa. Si así lo deseas, invita a un amigo a hacer este ejercicio contigo, ya que la vulnerabilidad es aún más poderosa cuando la compartes con otra persona.

Empieza por pensar en dónde te sientes estancado en la vida, en especial si se relaciona con una expectativa que tienes sobre ti mismo. ¿Qué te mantiene despierto por la noche? ¿Dónde sientes que has fallado? ¿Cuál creencia tienes que te impide alcanzar tu máximo potencial, así como sentir alegría? ¿Cuál sería un hábito o hábitat que estás dispuesto a desechar? ¿Cuál sería una forma de ser o de pensar que antes te funcionaba, pero que ahora ya no te funciona?

Toma una hoja de papel y escribe todas las mentalidades, hábitos y relaciones que estás listo para soltar. Lee en voz alta la lista de lo que estás editando en tu vida, luego préndele fuego al papel y tíralo de forma segura en un recipiente o en una chimenea. Míralo quemarse hasta quedar calcinado (no puedo enfatizar lo suficiente para que estés seguro al realizar este ejercicio. Quiero que tengas la segunda mitad de tu vida adulta).

Después, toma otra hoja de papel y enumera la mentalidad, hábitos o relaciones que agregarás a tu vida para remplazar lo que acabas de editar. Por ejemplo, si escribiste «Soy terrible en yoga» como una mentalidad que deseas editar, la mentalidad de remplazo podría ser «Me encanta cómo me siento al final de una clase de yoga». O si escribiste: «Nunca tendré tanto éxito como solía tenerlo en mi carrera profesional», podrías remplazarlo con «Definiré una nueva forma de medir el éxito en mi carrera profesional». No quemes esta hoja de papel. Guárdala y saboréala. Es una guía para tu futuro.

¿Qué estás dispuesto a dejar ir en busca de una mejor (segunda mitad de tu) vida?

Saber qué notar y qué pasar por alto

Comenzamos este capítulo con una cita de un sabio filósofo, y terminaremos con otra. William James señala lo siguiente: «El arte de ser sabio es el arte de saber qué pasar por alto». Hay una deliciosa libertad para aprender qué editar en nuestra vida. Una de las ventajas es que libera espacio para enfocarnos en lo que hemos visto «menos de la cuenta».

Con frecuencia, estas son las alegrías silenciosas que se han ido alejando más y más del centro de nuestra vida y nuestra conciencia, desplazadas por las demandas en apariencia más urgentes de nuestros objetivos, responsabilidades y listas de tareas pendientes. En la película de Woody Allen, *Manhattan*, a menudo considerada una oda a su ciudad natal, Nueva York, y una potente descripción de la inminente crisis de la mediana edad (su personaje, Isaac Davis, de 42 años, está saliendo con una chica de 17 años, Tracy, en la película), hay una escena en la que Davis intenta descubrir qué hace que valga la pena vivir la vida y enumera todo desde Groucho Marx hasta Louis Armstrong y «esas increíbles manzanas y peras de Cézanne».

La mediana edad es el momento de redescubrir nuestro amor por las películas antiguas, el jazz, los pintores impresionistas y cualquier otra cosa que hace que la vida valga la pena. Si tuviera que hacer una lista de lo que ha recibido menos atención en mi vida, podría incluir los paseos al atardecer con mi perro Jamie en Baja California, jugar al escondite con mis hijos en nuestro huerto de palmeras tropicales, escuchar el álbum *The Miseducation of Lauryn Hill*, los lentos paseos por los arrozales balineses, el Festival de Cine de Telluride, la escena de la bolsa de plástico arremolinada en el viento en *Belleza Americana*, leer la publicación de *The New York Times* del domingo en la tina mientras escucho cualquier banda sonora de Ennio Morricone, el espagueti de mi mamá.

Cuando dejamos ir aquello que ya no nos sirve, es notable lo que puede surgir, incluido el aprecio por todo aquello que amamos en nuestra vida. Es tristemente notable cómo gran parte de nuestra vida adulta la pasamos tratando de resolver nuestros problemas o trabajando de maneras que no nos nutren. Este es el momento de tu vida en el que puedes encontrar el espacio para detenerte y oler las rosas, y mejor aún, también puedes sembrar algunas.

Ahora que has hecho tu gran edición de la mediana edad, ¿qué habría en tu lista de lo que hace que valga la pena vivir?

LA VIDA VOCACIONAL

9

«Me bajo alegremente de la caminadora»

La mediana edad es cuando superamos nuestra búsqueda de felicidad y comenzamos nuestra práctica de alegría.

Cuando escucho la palabra *mantra*, por lo general pienso en una palabra o frase que uno repite en silencio para ayudar a la concentración durante la meditación. De hecho, la palabra se deriva de dos palabras en sánscrito: *man*, que se refiere a la mente, y *tra*, que significa «herramienta» o «medio». Entonces la definición literal de *mantra* es «una herramienta de la mente». Suena bastante liberador, ¿verdad?

Pero luego están los mantras que de forma inconsciente nos repetimos a nosotros mismos, casi siempre por hábito puro, más que por intención: esas voces molestas en nuestra cabeza que simplemente no podemos silenciar. Estos mantras, o mentalidades, pueden ser cualquier cosa menos una herramienta para abrir nuestra mente, en especial si van acompañados por una «búsqueda» obsesiva (que, en inglés, se expresa con la misma palabra que de manera literal significa «persecución con hostilidad»). En lugar de liberar, pueden limitar cómo nos mostramos en la vida.

La primera mitad de la vida suele estar definida por cuatro mantras/mentalidades:

- «YO SOY lo que hago» (logro).
- «YO SOY lo que otros dicen de mí» (imagen).
- «YO SOY lo que tengo» (estatus).
- «YO SOY lo que controlo» (poder).

¿Cómo han definido estas mentalidades la primera mitad de tu vida adulta? ¿Cómo podrías clasificarlas en términos de su influencia en la manera en que has vivido tu vida?

Alrededor de la mediana edad, muchos nos damos cuenta de que estos mantras son obstáculos para vivir una buena vida. Saltamos sobre nuestra metafórica caminadora, persiguiendo estos mantras, y, aunque podrían habernos servido, ahora los sentimos como calorías vacías: no alimentan nuestra alegría. En lugar de ser herramientas de la mente, son herramientas del ego que nos distraen al buscar reconocimiento y validación de los demás. Pero en la mediana edad empezamos a reconsiderar si es más importante que *nos conozcan* las masas o que *nos conozcan bien* aquellos que en verdad nos importan.

Cuando percibimos los horizontes temporales como más cortos y limitados, dejamos de correr a toda velocidad en la caminadora hacia algún futuro distante y nos permitimos quedarnos quietos y apreciar dónde estamos en el presente. También empezamos a considerar con mayor profundidad el impacto que tenemos en las personas más cercanas a nosotros, así como en nuestra comunidad en general.

¿Y si nuestro nuevo mantra a partir de la mediana edad fuera como sugiere el psicólogo del desarrollo Erik Erikson: «Soy lo que me sobrevive»? ¿Qué tipo de propósito, legado e impacto sobre las generaciones futuras podría surgir de esta perspectiva alterna?

Dedica un momento durante el fin de semana, cuando tengas un poco más de tiempo libre, para reflexionar. Imagina que te entregaron un libro de cuentas para tu vida: ¿quién eres?, ¿qué representas?, ¿quién te ha ayudado?, ¿qué semillas has sembrado? y ¿cómo quieres que te recuerden? Haz una lista de lo que te sobrevivirá y cómo podrías invertir más en esta parte de tu vida en el futuro.

¿Sufres de «exitismo»?

La palabra *consumismo* tiene 70 años y hace referencia a un deseo muy estadounidense de «estar a la altura de los vecinos» a través de la acumulación de cada vez más bienes materiales.

Si bien esta adicción a los bienes materiales sigue viva y vigente en nuestra sociedad, también estamos luchando contra una adicción nueva y posiblemente más peligrosa: el «exitismo», que se refiere a la búsqueda cada vez mayor de éxito de una manera que es perjudicial para nuestro bienestar y nuestra dignidad. La mediana edad es cuando la mayoría de las personas despertamos al hecho de que ni el consumismo ni el exitismo nos traen felicidad y decidimos que es hora de reescribir nuestro propio «guion para el éxito».

En la infancia, a casi todos nos dieron un guion para el éxito, tanto nuestros padres y familiares, como nuestros compañeros y nuestra comunidad, así como los mensajes que recibimos de la sociedad en general. Algunos merecíamos un Oscar por lo bien que asumimos nuestro papel en esta obra. Otros rechazaron el guion y se rebelaron. Cualquiera que sea el campamento en el que hayas caído, la mediana edad es el momento de escribir un nuevo guion que sientas más auténtico. Uno que no esté escrito ni dirigido por otra persona.

Como alguien que ha estado buscando el éxito como «debe ser» la mayor parte de su vida, fue muy revelador cuando me presentaron el lado oscuro de mi guion de éxito:

- Los sacrificios que hice en las relaciones.
- El estrés que sentía al intentar estar a la altura de mis amigos de la escuela de negocios.
- La rápida y momentánea elevación de adrenalina que sentía después de tener éxito en algo, pero que solo duraba hasta que algo nuevo capturaba mi atención.
- El deseo narcisista de impresionar.

- La sensación de que solamente era tan valioso como mi éxito más reciente.

Para quienes se suscriben a esta mentalidad, el éxito es como una carretera de peaje que podemos tomar para evitar la congestionada autopista de la vida común. Sin embargo, pagamos más para estar en este camino: con el costo de nuestra educación, el costo de oportunidad del gran número de horas que trabajamos y el estrés que sentimos en la «caminadora hedonista», que nos permite sentir que tenemos «éxito», como sea que lo definamos.

Esta caminadora es atractiva, pero también engañosa: una caminadora te mantiene corriendo en el lugar, incluso si estás haciendo un esprint. Sientes que estás haciendo un gran esfuerzo, y tal vez te estás poniendo al día con tus objetivos a corto plazo, pero una vez que lo haces, no te proporciona la sacudida de alegría que estabas buscando. Entonces ves tu siguiente destino en el horizonte y vuelves a empezar, sin detenerte a preguntar hacia dónde exactamente estás corriendo.

Si esto te resulta familiar, te recomiendo de todo corazón que leas el ensayo de Tennessee Williams publicado en *The New York Times,* «The Catastrophe of Success» [«La catástrofe del éxito»], escrito en 1947, tres años después de que su primera gran obra *El zoo de cristal* fuera un gran éxito. En él describe cómo su repentina fama y éxito le quitaron su humanidad y dejaron en su lugar cinismo y desconfianza hacia los demás. El éxito alimentó su deseo de tener más éxito, hasta que se encontró solo en elegantes habitaciones de hotel, pidiendo servicio a la habitación y profundamente infeliz. Es probable que la catástrofe del éxito explique, al menos de manera parcial, por qué numerosos iconos de la cultura pop terminaron con su propia vida (muchos de ellos en la mediana edad) durante los últimos años: Robin Williams, Kate Spade, Anthony Bourdain, Margot Kidder, David Foster Wallace, Amy Winehouse.

Alrededor de la mediana edad, empezamos a preguntarnos qué diablos estamos haciendo en esta superautopista de concreto, y mejor elegimos tomar preciosas carreteras rurales sin peaje. Nos damos cuenta de que, en lugar de agachar la cabeza y correr hacia ninguna parte, podemos reducir la velocidad y disfrutar el paisaje que nos rodea.

El escritor David Brooks sugiere que alrededor de la mediana edad experimentamos un cambio motivacional, que él llama la Segunda Montaña. En lugar de perseguir el objeto nuevo y brillante (el puesto de trabajo elegante, el prestigioso premio), nos centramos más en la formación de nuestro propio carácter, así como en el bienestar de aquellos que nos rodean. Así es como el exitismo pierde su control sobre nosotros.

Descubrir lo que tenía que ser

Irene Edwards es una exitosa filipino-estadounidense que se convirtió en la editora en jefe de la revista *Sunset* cuando tenía poco más de 40 años. Es lo que siempre había soñado desde que tenía 13 años. Cuando tuvo la oportunidad de visitar las oficinas de la revista *Vanity Fair* en un viaje escolar, decidió en ese mismo momento que quería ser editora de una revista.

Y entonces saltó directo a esa caminadora y puso en marcha la máxima velocidad. Prácticas de verano, escuela de periodismo, y luego, justo después de graduarse, un trabajo tras otro en algunas de las publicaciones más estimadas de los Estados Unidos. Cuando al fin logró el objetivo profesional que había soñado durante tanto tiempo (convertirse en editora en jefe de una revista importante), ya estaba agotada. No ayudaba el hecho de que la industria apenas se mantuviera unida.

Ella dirigía una marca y un equipo al que amaba muchísimo, pero recibió la orden de maximizar el resultado final, lo cual la obligó a tomar algunas decisiones difíciles y dolorosas, que incluyeron, en última instancia, liderar la venta de la revista, que llegó con aún más turbulencias y tristeza. Cuando todo terminó, sabía que su carrera en los medios había llegado a su fin, y también la identidad aspiracional que con tanto cuidado había nutrido y querido durante más de treinta años.

En el camino, se dio cuenta de que estaba sacrificando su bienestar y su relación con su familia, pero no veía otra opción. Como mujer joven en la ciudad de Nueva York, y en el despiadado mundo de la edición de revistas al estilo de *El diablo viste a la moda*, el exitismo había sido la norma. Y, dada la cantidad de energía y motivación que tenía antes de casarse y tener dos hijos, no le había importado agotarse hasta quedar exánime en busca de la excelencia.

Como ocurre con tantas personas que han estado corriendo sobre la caminadora durante tantos años, cuando Irene se acercó a sus cuarenta y tantos años, sentía como si su vida se hubiera hecho añicos. Y cuando examinó con detenimiento el daño y la decepción que se había provocado a sí misma y a los demás, no le gustó lo que vio. Sabía que ella era más que esta carrera que había construido y que se había terminado.

Su primer acto había llegado a su fin y su segundo acto estaba aún por escribirse. A falta de una trama elaborada, tenía que encontrar propósito y alegría en algo más que esos objetivos que ella había cultivado con tanto amor. La etapa de umbral parecía prolongarse para siempre y su progreso no era lineal. Se derramaron lágrimas, se programaron sesiones de terapia; ella pasó mucho tiempo buscando señales. ¿Señales de qué? No tenía una verdadera idea en ese momento. Todo lo que podía hacer era estar abierta a lo que siguiera.

Al fin, llegó una nueva oportunidad. Le ofrecieron un trabajo en una consultoría de innovación y pensamiento de diseño llena de mentes jóvenes y brillantes, nada menos que en Copenhague: nueva industria, nueva ciudad, nuevo país, nuevo idioma; nuevo departamento, nuevas escuelas; todo nuevo. Pero llegó en un momento en que su familia necesitaba una aventura, así que se fueron.

Pero comentó que no fue fácil.

> Recuerdo una mañana, poco después de que nos habíamos mudado a Copenhague. Estábamos durmiendo en colchones y bolsas de dormir en el suelo de nuestro departamento sin muebles, que era un pequeño retroceso en comparación con la casa cuidadosamente decorada que teníamos en California. Mi hijo lloró en su almohada durante la noche porque extrañaba su antigua escuela. Habíamos estado viviendo solo con lo necesario. Me sentía sola y extrañaba mi casa.

Por suerte, tenía a su maravilloso esposo a su lado. Él siempre había visto la belleza, o al menos el humor, en todas las cosas cotidianas que para ella eran difíciles y desconocidas, y todavía lo hacía. Entonces se abrigaban y preparaban un termo de chocolate caliente y provisiones para un pícnic de invierno y daban paseos largos en bicicleta juntos en familia, explorando su nueva ciudad.

Cuando llegó la pandemia, se refugiaron y crearon su propia rutina diaria de cuarentena: clases de yoga familiar en la cocina por las mañanas, trabajo/aprendizaje remoto en varios rincones del departamento, grandes guisos calientitos y acogedores para cenar. Las cosas se simplificaron en muchos sentidos. Tenían menos cosas, pero tenían más de lo que necesitaban: lo más importante de todo, su estrecha unidad familiar.

Con el nuevo tiempo y espacio para reflexionar, los valores de la sociedad danesa se convirtieron en una prioridad para Irene: sistemas de pensamiento como forma de vida cotidiana; actuar por el bien común, más que para el beneficio del individuo. Explicó: «La confianza implícita en que nuestros líderes tienen en cuenta nuestro más alto bienestar. Todo lo que en un inicio parecía bastante extraño para mí como estadounidense».

Irene ahora cree que su vida es, de forma exacta, la que siempre estuvo destinada a ser. Afirmó:

> Estoy orgullosa de mí misma por haber tenido la valentía para tomar mi montón de basura en llamas, que era mi mediana edad, y en verdad romperla, confiando en que había algo más que tomaría su lugar. Si pudiera retroceder en el tiempo un par de años para llegar a ese triste caparazón de mí misma sentada en la cama, buscando señales, me habría encantado poder darle las más pequeñas señales de que todo iba a estar bien. No puedo hacer eso, pero tal vez pueda hacer lo siguiente mejor: contar mi historia y esperar que alguien que la lea la tome como su propia señal para el futuro.

Misma semilla, diferente suelo

Bajarse de la caminadora no es un asunto de todo o nada. Son pocos los que nos levantamos una mañana y decidimos dejar de correr. Con mayor frecuencia, se trata de una evolución; incluso en la mediana edad, la transformación no sucede en un abrir y cerrar de ojos. Y se necesita el apoyo de familiares y amigos para ayudarte a empezar una nueva vida.

A veces necesitamos «trasplantarnos» a una tierra nueva para florecer de nuevo. A este fenómeno lo llamo «misma semilla, diferente suelo». A lo largo de nuestra carrera, hemos desarrollado muchas semillas de conocimiento y sabiduría que podemos replantar en nuevos entornos. Y a medida que envejecemos, somos más expertos en sentir el tipo de hábitat en el que es probable que nuestras semillas prosperen.

En la mediana edad, es posible que tengamos un punto ciego para ver toda la sabiduría que hemos cultivado en una empresa, en una industria, en una posición o rol particular; se vuelve casi invisible para nosotros, porque ha estado germinando dentro de nosotros durante tanto tiempo. Muchas veces, solo cuando te trasplantas a un nuevo hábitat, comienzas a ver el valor que puedes aportar.

Cuando me incorporé a Airbnb como mentor interno del cofundador y director ejecutivo Brian Chesky, no había pensado a fondo en lo que significaba reportarme a mi aprendiz, que tenía veintiún años menos que yo. Tampoco había pensado bien en cómo sería trabajar en una empresa tecnológica, la tierra de los *millennials*, cuando toda mi carrera hasta ese momento había estado en el mundo relativamente analógico de los hoteles *boutique*.

Prosperar en este nuevo suelo significaba que ya no sería el director ejecutivo inconformista, el líder visionario ni el «sabio en el escenario». Ahora yo era el «guía lateral»: un papel que no estaba acostumbrado a interpretar. Como parte de mi Gran edición de la mediana edad, tuve que ajustar el tamaño de mi ego, sabiendo que no era probable que los artículos de los medios sobre Airbnb me mencionaran. Mi éxito estaba definido por el éxito de Brian, y mi papel era darle las herramientas para que se convirtiera en un líder de clase mundial, no serlo yo mismo.

Más allá de que necesitaba cambiar mi identidad de director ejecutivo a la de «quien susurra al oído del director ejecutivo», también necesitaba asegurarme de que Airbnb era tierra fértil para plantar mi semilla. Ayudó que la mentalidad de crecimiento y la curiosidad insaciable de Brian me recordaran a las mías, así como la consonancia que sentí con la incipiente cultura de la empresa impulsada por una misión.

Pero lo que me pareció más profundo en este capítulo de mi carrera fue algo que los fundadores me dijeron unos meses después en el trabajo: «Te contratamos por tus conocimientos, pero lo que obtuvimos fue tu sabiduría». Resultó que algunos de los conceptos básicos de la dirección y del coeficiente emocional (CE) que había dado por sentado en mí mismo no eran tan obvios para los empresarios *millennial* que habían creado una compañía de mil millones de dólares de la noche a la mañana. Me bajé de la caminadora yo mismo mientras me convertía en un entrenador de liderazgo para estos jóvenes emprendedores de alto potencial.

En un mundo que cambia más rápido que nunca, la capacidad para dominar las transiciones se ha convertido en una habilidad esencial del siglo XXI. Así que no dejes que la perspectiva de un suelo desconocido te asuste y te impida explorar lo que sigue. Podrías plantar tu semilla en muchos lugares si consideras tu vida laboral como una cartera de actividades.

Seguir una carrera polifacética

En Suecia lo llaman bufet estilo escandinavo. En Hawái, es un plato pu pu. En tu carrera profesional, es una vida polifacética. Funciona así: en lugar de trabajar de forma exclusiva para una organización, trabajas tiempo parcial en varios puestos, una tendencia acelerada por la pandemia, ya que el número de empresas globales que ofrecen la jubilación gradual a los trabajadores de mediana edad que trabajan a tiempo completo se multiplicó más del doble entre 2020 y 2022. Si crees que en la variedad está el gusto de la vida, entonces así podría ser como diseñes tu vida laboral después los 50 años.

Bajarse de la caminadora no tiene por qué significar el retiro. No significa sentarse en la sala a ver la televisión matutina y hacer crucigramas, tratando de encontrar formas semiproductivas de llenar las largas horas del día. Tampoco significa retirar los conocimientos y habilidades que con tanto trabajo lograste construir. Solo significa revaluar si deseas seguir persiguiendo los mismos objetivos que perseguiste de forma enfocada entre los 20 y los 39 años, y explorar nuevos modos de reutilizar todo lo que has aprendido.

Hay tantas opciones para diseñar tu carrera polifacética una vez que te liberaste de un trabajo único de tiempo completo. Podrías convertirte en consultor, *coach* o mentor profesional, miembro de la junta directiva, estudiante en la escuela, o alguna combinación de estos. Para muchos *boomers*, la puesta de sol de su carrera es cuando se convierten en emprendedores. De acuerdo con la Annual Business Survey de la Oficina del Censo de los Estados Unidos (encuesta realizada anualmente para recabar información sobre negocios y propietarios), el 30% de los dueños de empresas estadounidenses tienen entre 55 y 64 años, y otro 20% tiene más de 65 años. Vaya, ¿quién diría que la mitad de los empresarios estadounidenses tienen más de 55 años?

A continuación, algunos consejos sobre cómo crear una carrera profesional polifacética:

1. **Habla con tu jefe.** Determina si tu actual empleador está abierto a un plan extendido de semijubilación para ti. Retirarse de manera progresiva de tu trabajo actual podría liberar el tiempo para desarrollar otras partes de tu cartera mientras te proporciona un ingreso estable.
2. **Sé consultor.** Considera si la experiencia de tu carrera profesional podría ser transferible a una carrera de consultoría en tu industria (aunque si todavía trabajas una jornada parcial como empleado, debes tener cuidado de no competir con tu empleador actual). Te sorprendería la cantidad de personas que quieren saber todo lo que sabes, en especial si has estado trabajando en la misma industria durante diez, veinte o treinta años.

3. **Sigue tu pasión.** Evalúa tus aficiones e intereses y pregúntate si podrías ganar dinero como fotógrafo, escritor o entrenador. Cuando tienes múltiples flujos de ingresos, tienes el lujo de ganar 10 000 o 20 000 dólares al año con una sola de estas actividades, como pieza del rompecabezas de tu cartera.
4. **Monetiza tu espacio.** Muchas veces tenemos espacios habitables más grandes o una segunda propiedad conforme envejecemos. Tal vez sea el momento considerar ganar algo de dinero extra convirtiéndote en casero o anfitrión de Airbnb para que tu espacio extra gane un dinero adicional.

Paula Pretlow tuvo una carrera muy activa y fructífera que superó las limitaciones que enfrentan las minorías, al ser una mujer afroamericana cuya madre soltera decidió que sus cinco hijos eliminarían de forma voluntaria la segregación en las escuelas públicas de la ciudad de Oklahoma durante la tormentosa era de los derechos civiles de finales de la década de 1960.

Armada con inteligencia y la habilidad aprendida para moverse en entornos diferentes y a veces difíciles, y con su madre intrépida como modelo a seguir, Paula construyó una carrera en el mundo de las finanzas y la gestión de inversiones en un momento en el que había muy pocas mujeres en él, y mucho menos mujeres de color. Como madre soltera divorciada y creadora natural de comunidad, además de su exigente trabajo, tenía una vida muy plena hasta que comenzó a sentirse consumida y agotada.

Al sentir la necesidad de cambiar de rumbo, descansar y deducir cómo pasar la siguiente fase de su vida, a la edad 55 años decidió alejarse de la empresa de la que era socia. Habiendo avisado a su empresa con casi un año de antelación para ayudar a preparar una transición fluida, le diagnosticaron una forma muy grave y agresiva de cáncer de mama, un mes antes de su fecha prevista de salida. De pronto, la necesidad de una seria reflexión se hizo muy urgente.

Después de mastectomías bilaterales y un tratamiento exitoso en un ensayo clínico experimental, Paula decidió no volver a la vida empresarial. En cambio, creó una vida polifacética que incluye lo que más le apasiona: marcar la diferencia en las vidas de las personas ignoradas y subestimadas, y utilizar todo lo que aprendió durante sus muchos años en las empresas estadounidenses.

Hoy en día, se desempeña en múltiples juntas directivas de empresas públicas y privadas, una de ellas en una empresa Fortune 500, así como en juntas filantrópicas nacionales, entre ellas una cuya misión es expandir las oportunidades en ciudades de Estados Unidos y otra que se enfoca en la satisfacción de las necesidades humanas básicas en comunidades prioritarias de Estados Unidos e Israel.

Paula reconoció lo siguiente:

> Creé una vida polifacética que me permite tener el precioso tiempo que adoro con mi familia y satisface mi necesidad de marcar una diferencia en el mundo, al aportar a las salas de juntas corporativas

y filantrópicas mi voz y mi experiencia vivida, que son visiblemente diferentes. ¡Estoy viva y me estoy divirtiendo muchísimo!

La ciencia demostró que, alrededor de los 40 o 50 años, nuestro sentido del gusto comienza a perder vigor. Quizá la variedad sea justo el condimento que necesitamos para revitalizar nuestras papilas gustativas que se atrofian. Una carrera polifacética puede darle vida a tu relación con tu trabajo y mejorar tu vida de formas que nunca imaginaste.

¿Qué tienes para ofrecer?

Arthur C. Brooks (que no tiene relación con David) afirmó:

> Los que mejor sintetizan y explican las ideas complicadas, es decir, los mejores profesores, tienden a tener alrededor de 65 años o más, y algunos de ellos hasta 80 años o más. Que las personas mayores, con sus reservas de sabiduría, sean los profesores más exitosos parece algo correcto casi de manera cósmica. Sin importar cuál sea nuestra profesión, a medida que envejecemos, podemos dedicarnos a compartir conocimientos de alguna manera significativa.

¿Cuáles son las profesiones que aprovechan nuestra sabiduría que madura?, ¿profesor?, ¿mediador?, ¿*coach* de vida?, ¿autor de libros, guía turístico, consejero o terapeuta, consultor, cuidador, líder religioso o espiritual, facilitador de talleres? Ahora es tu turno de alargar esta lista.

Varios estudios recientes muestran que las habilidades generales, en especial las habilidades sociales que giran en torno a la inteligencia emocional, son más duraderas que las técnicas. Entonces, tus mayores regalos pueden residir en las habilidades sociales que has desarrollado durante unas cuantas décadas en el lugar de trabajo: los tipos de habilidades que se puede aprender y vivir, pero no enseñar. Como «adulto mayor moderno», tienes un gran valor en la «productividad invisible» que ofreces: la capacidad no solo de ser productivo tú mismo, sino también de aumentar la productividad de tus aprendices y equipos.

David Viscott, psiquiatra y presentador de programas de entrevistas, escribió: «El propósito de la vida es descubrir tu don. El trabajo de la vida es desarrollarlo. El significado de la vida es brindarlo».

Aquí tienes un ejercicio que puedes hacer con un compañero. Hazlo en un lugar tranquilo donde no haya distracciones y tal vez después de haber dado un paseo por la naturaleza.

Pídele a tu compañero que te haga la siguiente pregunta: «¿Qué destreza o don puedes ofrecer?». Responde lo que surja de inmediato. No lo pienses demasiado. Cuanto más abierto estés a cualquier pensamiento que aparezca, más probabilidades tendrás de tener una revelación. Tu compañero te dará las gracias y te pedirá que respires hondo una o dos veces, y luego te volverá a hacer la misma pregunta. Pero no está permitido que respondas de la misma manera dos veces. Abre ese canal, con amplitud, y ve qué fluye. Repite esta pregunta cinco veces y ve si esta excavación arqueológica descubre parte de la destreza que no sabías que poseías.

Como he sugerido antes, con la edad llega la alquimia. Tal vez tu destreza es la combinación de dos de tus identidades o habilidades. Ser abogado y científico es mucho más raro y valioso que ser solo uno de ellos. Encontrar dos habilidades con las que puedes hacer alquimia es una forma de encontrar tu don único. No necesitas ser el mejor en cualquiera de estas cosas: estar en el percentil 25 en dos habilidades diferentes es más fácil que tratar de estar en el 1% superior de una. Aquí hay un ejercicio que nuestro alumno de la AAMM Douglas Tsoi ideó para ayudarte a encontrar tu receta para la alquimia.

Toma una hoja de papel y córtala en tiras. Anota en esas tiras todas las habilidades en las que eres bueno (como punto de referencia, piensa en aquellas en las que eres mejor que el 75% de las personas). Sé generoso contigo mismo; eres bueno en muchas cosas. Piensa también de manera expansiva; es probable que no hayas pensado en incluir las habilidades en las que eres bueno, pero que das por sentado porque te parecen naturales. Ahora toma todas esas tiras y ponlas en un sombrero. Saca dos a la vez. ¿Te parece interesante la combinación de esas dos habilidades? Sigue haciéndolo hasta que tengas algunas ideas concretas que sean valiosas y raras para los demás.

Cuidado con la «maldición del ganador»

Con demasiada frecuencia, llegamos a la mediana edad sintiéndonos como una «máquina de éxito» que necesita una batería nueva. Nos acostumbramos a ser muy buenos en lo que hacemos y nos asusta la perspectiva de probar algo nuevo porque ¿quién quiere acabar con la última o dos últimas décadas de su carrera de forma mediocre? Además, si dejo de trabajar tan duro, temo que mis emociones, que descuidé por tanto tiempo, ¡se me desborden!

Esta es una de las razones por las que las personas a las que les va bien en la vida con frecuencia sufren más a medida que envejecen. Pero Arthur C. Brooks dice que necesitamos tener cuidado con esta «maldición del ganador». Tratar de aferrarse para siempre (en especial al éxito) es un ejercicio de frustración e inutilidad, y limita nuestras nuevas vías de alegría y crecimiento personal.

El inicio de una mediana edad saludable está marcado por el momento en que caemos en un gozoso alivio porque no tenemos que basar la segunda mitad de nuestra vida en la definición de éxito de otra persona.

Una caminadora o una bicicleta estática son grandes entrenadores. Usar uno es una práctica saludable que te da la ilusión de que vas hacia algún lugar, lo cual es importante en particular para alguien que se ve a sí mismo como un ganador. Pero, alrededor de la mediana edad, te das cuenta de que el paisaje no cambia a tu alrededor. Puedes tener la ilusión de que estás ganando la carrera, pero estás rodeado de cuatro paredes y cuerpos sudorosos en un gimnasio o, fuera de la metáfora, cuerpos expectantes en una sala de conferencias. Es hora de bajar de la caminadora, salir y disfrutar del sol. Empieza a imaginar cómo podrías diseñar tu vida si tuvieras un poco más de amplitud. Ese es el tema de nuestro siguiente capítulo.

10

«Comienza mi experiencia de abundancia de tiempo»

Tengo tiempo de volver a ser principiante.

Es sorprendente cuántos compromisos obligatorios desaparecen una vez que nuestros hijos abandonan el nido: dejamos de correr en la caminadora de la carrera profesional, elegimos tomarnos un año sabático en la mediana edad, o cambiamos la vida en la ciudad por los placeres sencillos de la vida en un pueblo pequeño. La mediana edad es nuestra oportunidad de pasar del hacer humano al ser humano.

Por supuesto, hay momentos en la mediana edad en los que sentimos deseos de gritar a todo pulmón: «¡Estoy hasta el tope de ocupaciones y ya tuve suficiente!». Cuando somos jóvenes, vemos el estar ocupados como una virtud calvinista: como la señal de una vida rica y plena. Pero en la mediana edad nos damos cuenta de que estar ocupados es una forma de pobreza; no solo nos cuesta nuestro tiempo, sino también nuestro espacio para la curiosidad, la profundidad de nuestra conexión con personas cercanas y nuestra capacidad para reflexionar y contemplar. Sin embargo, nos infligimos pobreza de tiempo a nosotros mismos, con base en las decisiones que tomamos. La buena noticia es que la abundancia de tiempo también está a nuestro alcance, y podemos empezar al ralentizar el tiempo.

Cómo ralentizar el tiempo

Llegué tarde a la moda de los pódcast. La pandemia me dio el espacio para caminar un promedio de 20 000 pasos al día en la playa, en el desierto, entre las tierras de cultivo y en las montañas cercanas a mi casa en Baja California. Me enamoré de los pódcast y se convirtieron en mis compañeros ocasionales durante mis largos paseos.

Sin embargo, a pesar de lo relajado que era este tiempo, dada mi naturaleza impaciente, quería consumir rápido un episodio. Me preocupaba tener una indigestión mental si lo escuchaba al doble de la velocidad normal, pero leí un estudio que decía que la mente humana puede escuchar y comprender palabras a un ritmo de aproximadamente 210 palabras por minuto, que es dos veces más rápido de lo que podemos pronunciar esas mismas palabras. Me convertí en un oyente veloz y aprendí rápido; pero, al mismo tiempo, no me parecía que saboreaba la experiencia. Y cuando escucho a Rich Roll, Krista Tippett o Ryan Holiday, en realidad quiero saborear sus palabras. Como dicen dos de mis filósofos favoritos: «Hay más en la vida que aumentar su velocidad» (atribuido a Gandhi) e «If I could turn back time…» [«Si pudiera retroceder en el tiempo…»] (Cher).

Nuestra experiencia del tiempo cambia a medida que envejecemos. Después de todo, un año representa el 10% de la vida de un niño de 10 años, pero solo el 2% del de una persona de 50 años. Los investigadores explican que medimos el tiempo mediante acontecimientos memorables. Cuantos más eventos tengamos de este tipo, más lento parece que transcurre el tiempo, pero debido a que con frecuencia tenemos menos cosas nuevas que recordar conforme envejecemos, la vida parece acelerarse. Cuando el paso del tiempo ya no se mide por las «primicias» (el primer beso, el primer día de escuela, las primeras vacaciones familiares), las semanas empiezan a juntarse, cosidas por tareas diarias recurrentes e insignificantes.

Introducir la novedad en tu vida hará que destaquen nuevos recuerdos. Por eso la mejor manera de frenar el paso del tiempo es volver a ser principiante.

Cuando estaba entrando en la adolescencia, me conmovió de una forma profunda la canción de 1974 de Harry Chapin «Cat's in the Cradle» [«El gato está en la cuna»]. A esa edad, tendemos a no pensar en el tiempo que se nos escapa, pero esta canción me ofreció un «mensaje para mí mismo» que ha adquirido una resonancia particular con la edad: el tiempo es uno de los activos más valiosos que tenemos, y a menudo lo aprendemos demasiado tarde en nuestra vida. O como señaló Jim Croce: «Parece que nunca hay suficiente tiempo para hacer todo aquello que quieres hacer una vez que lo encuentras».

La letra de Chapin trata sobre un hombre que se convierte en padre y nunca tiene suficiente tiempo para su hijo. El niño anhela pasar tiempo con su papá, pero también anhela ser como su padre cuando sea mayor. Al final, cuando el hijo se gradúa de la universidad, el padre anhela tiempo de calidad con su hijo, pero el hijo está demasiado ocupado. El papá, ahora jubilado, reflexiona después de una llamada con su hijo: «Y cuando colgué el teléfono, se me ocurrió que había crecido igual que yo. Mi hijo era como yo».

A medida que envejecemos, empezamos a darnos cuenta de que lo escaso es lo valioso, y el tiempo se convierte en nuestro activo más escaso a medida que habitamos la mediana edad. El tiempo es un recurso no renovable. Si gastas un dólar, puedes ganar otro. Pero si desperdicias un día, un año o una década, no los recuperas. La buena noticia es que la mediana edad es una época en la que hemos desarrollado el poder de coreografiar nuestra vida para preservar ese valioso recurso.

Generatividad frente a estancamiento

Generatividad frente a estancamiento es la séptima etapa del desarrollo psicosocial, según el psicólogo Erik Erikson.

La *generatividad* se define como «la propensión y voluntad de participar en actos que promuevan el bienestar de las generaciones más jóvenes como una forma de asegurar la supervivencia de la especie a largo plazo». En esta etapa, a la que llegamos en la mediana edad, los adultos nos esforzamos por crear cosas, nutrir a otros, contribuir a la comunidad, o hacer algún otro cambio positivo.

La nueva abundancia de tiempo que descubrimos en la mediana edad puede inspirar generatividad, o puede llevar al estancamiento. Mi amiga de la universidad Diane Flynn es alguien que nunca se estancará. Líder empresarial exitosa antes de abandonar el mundo de los negocios por 16 años para criar a tres hijos, estaba lista para regresar al trabajo de tiempo completo remunerado a los 50 años, pero le diagnosticaron cáncer de mama.

Pasar meses en el sillón le dio mucho tiempo para reflexionar sobre sí misma. Evaluó con cuidado qué llenaba su tanque y qué lo agotaba: un ejercicio que practica de forma continua. Desarrolló un mantra de vida que le ha resultado muy útil a lo largo de los últimos diez años: «Quiero colaborar de forma creativa con personas a las que respeto para cambiar vidas y construir comunidad». Cada oportunidad que se le presenta pasa por el filtro de este mantra. Ella señaló: «Saber lo que QUIERES hacer, en lugar de solo saber lo que puedes hacer, te brinda un tremendo poder para encontrar un propósito».

Una vez que dos de sus tres hijos fueron a la universidad, Diane tuvo más tiempo libre. Ella había pasado la mayor parte de dos décadas trabajando como voluntaria en la escuela, el hospital infantil local, y formaba parte de juntas directivas de organizaciones sin fines de lucro, todo lo cual la ayudó a reingresar a la fuerza laboral y convertirse en un modelo a seguir para otras mamás que tenían inmensos talentos y mucho tiempo, pero falta de confianza para retomar una carrera profesional.

Fundó ReBoot Accel, un programa para ayudar a las mujeres de mediana edad a desarrollar la mentalidad de crecimiento necesaria para reingresar al mundo laboral después de tener hijos. Y, en el proceso, Diane llegó a descubrir que le encantaba ser oradora, profesora, *coach* y facilitadora, algo que nunca habría descubierto sin el beneficio de su nuevo tiempo.

Diane afirmó:

> Creo que el mundo tiene la vida al revés. Trabajamos como burros cuando nuestros hijos son pequeños, corriendo a todos lados, agotados, y quedamos sin energía para relajarnos y estar alegres. Y luego se espera que nos jubilemos cuando nos enfrentemos al nido vacío. Para mí, la vida después de los 50 (y después de que mis hijos se fueron de casa) ha sido uno de los momentos más liberadores y energizantes de mi vida. En apariencia, tengo tiempo ilimitado para pensar, trabajar, jugar y disfrutar lo que estoy haciendo. Solo desearía, como sociedad, que todos pudiéramos quedarnos en casa con nuestra familia y luego volver al trabajo cuando tengamos más sabiduría y tiempo.

Hace tiempo que soy fanático del doctor Atul Gawande. Este destacado cirujano, profesor de Harvard, humanista y experto en atención de la salud escribió el *bestseller* de *The New York Times*, *Ser mortal*, y fue el orador inaugural ante los estudiantes graduados de Stanford. Durante la ceremonia, citó al doctor Bob Wachter al aconsejar a una persona joven: «Di sí a todo antes de los 40… y di no a todo después de los 40».

Entiendo esta lógica: debes estar abierto a probar cosas nuevas cuando eres joven, ya que no tienes idea de lo que en realidad va a ser importante o energizante para ti. Hay verdad en eso, pero también creo que estamos destinados a convertirnos en principiantes una y otra vez en la mediana edad y más allá.

Desde que Shonda Rhimes escribió *El año del sí* hace unos años, el mundo ha estado poseído por la idea de optar por todo. Me encanta la curiosidad y la apertura en esto, pero también me pregunto sobre el papel del discernimiento en este pensamiento. Hay algo que afirmar en cuanto a decir «Sí» con mayor frecuencia cuando somos más jóvenes y estamos probando el mundo. Cuando decimos «Sí» después de los 40, necesitamos agregar los signos de exclamación, «¡Sí!», porque nos damos cuenta de que nuestro tiempo es finito.

¿A qué le estás diciendo «¡Sí!» después de los 40 años?

Aprender a ser principiante de nuevo

¡Cuidado con invitarme a un coctel! Mi tendencia es hacer preguntas inapropiadas como «¿De qué manera eres ahora principiante?». Es una buenísima forma de iniciar una conversación y una hermosa ventana para asomarnos a entender cómo podemos mejorar la vida aprendiendo de forma constante, en la mediana edad y más allá. Pero en una fiesta por lo general la gente me mira con cara de pregunta mientras se dirige al bar.

Tom Vanderbilt, autor del libro *Beginners*, dice que a medida que envejecemos tenemos la oportunidad de pasar de «saber eso» (los hechos de la vida) a «saber cómo» (la experiencia de vida). Muchas personas renunciamos al «cómo» por el «eso», porque aprender *cómo* hacer algo nuevo puede producirnos más temor a medida que envejecemos. Nadie se apunta para parecer un idiota.

Una de nuestras mayores lecciones en la AAMM ha sido la importancia social de «ser malo» como principiante entre otros adultos novatos. Después de todo, cuando eres principiante en un grupo de principiantes, ser «malo» solo te convierte en el promedio, lo que te permite divertirte y desarrollar algunas habilidades.

Mi cofundadora, Christine Sperber, quien también es nuestra directora de Experiencia, llama a esto «diversión Tipo II», el tipo de actividad que, cuando la haces por primera vez, puede resultar un poco desalentadora, pero te trae una alegre sensación de logro después de haberla terminado. Por eso, Christine arma un taller de una semana con todo tipo de actividades que puedan infundir miedo en alguno de los participantes de nuestro taller al escuchar por primera vez sobre ello: desde hornear pan de forma competitiva hasta la improvisación colectiva, el fino arte del equilibrio sobre rocas, el aprendizaje asistido por equinos, el *surf* y el yoga (no al mismo tiempo).

Los bebés no se sienten cohibidos cuando aprenden a caminar. Pero a medida que envejecemos, nuestro juicio sobre nosotros mismos y la preservación de nuestro ego nos roban todo tipo de oportunidades para ser neófitos. No es fácil aprender algo nuevo, en especial en la mediana edad. Por supuesto, una razón para continuar el aprendizaje permanente es mantener las sinapsis disparando en nuestro coco, pero el valor real es el placer que proviene de probar algo nuevo.

El objetivo de convertirse en principiante en la mediana edad no es solo ser más inteligente o más competente en algo, sino afrontar la vida con ojos frescos. Convertirnos en principiantes nos permite redescubrir y volver a involucrarnos con talentos naturales que podemos desarrollar a cualquier edad. Dar este salto nos da confianza en el momento exacto en que más lo necesitamos. Hace retroceder el reloj. Estamos perfectamente maduros otra vez.

A pesar de las apariencias externas de éxito, Chris Murchison creció con una voz interior que no creía que él fuera suficientemente bueno. Al crecer como un chico negro gay en un ambiente homofóbico y en un entorno militar homogéneo, Chris albergaba un secreto de escasez sobre sí mismo. Sobrecompensó y batalló con el perfeccionismo durante muchos años, hasta que se dio cuenta, en la mediana edad, de que ya no le funcionaba.

Entonces empezó a involucrarse de manera intencional en nuevos comienzos. Esto se convirtió para él en una práctica transformadora de crecimiento: un lapso sabático de seis semanas después de la agotadora experiencia de implementar un despido organizacional; dejar su trabajo de once años para descubrir a su artista interior; empezar a hacer pan, tocar tambores *taiko* y, de modo más reciente, el arte del *collage* después de hacer una mudanza al otro lado del mundo, de San Francisco a Londres. Le encantaba volver a ser principiante.

Chris brilla cuando habla de ser principiante. «Viajar, pan, *taiko*, *collage*. Lo que estas actividades tienen en común es el fluir. Al dedicarme a cada una de ellas, tengo una experiencia inusual del tiempo: me siento por completo absorto, el tiempo se ralentiza y se vuelve expansivo, me pierdo en los detalles y me enamoro de la belleza recién descubierta. Es asombroso». Él reconoce que hay desafíos, miedos y fracasos, pero explica que el proceso de aprender (esforzarse más allá de la comodidad) aumenta su confianza. Al fin descubrió cómo aceptarse a sí mismo como una persona valiosa.

Cuando estamos en un estado de fluidez, perdemos la noción del tiempo. Y tal vez, porque perdemos la noción del tiempo en esos momentos efímeros tan especiales, es como si nuestro reloj psicológico y físico se detuviera. Esta es solo una de las formas en que volverse principiante evita que nos sintamos estancados.

Hacia el final de la película *Belleza Americana*, el personaje de Kevin Spacey suelta esta exquisita frase que habla del valor de convertirse en un principiante en la mediana edad: «Es genial cuando aún tienes la capacidad de sorprenderte a ti mismo». La frase es un profundo llamado a la acción que nos insta a despertar y ver la maravilla y la belleza que nos rodea y, más importante aún, las que hay dentro de nosotros.

¿Qué pasatiempos, habilidades o temas comenzaste a explorar por primera vez en el último año? ¿Qué pasaría si por el resto de tu vida hicieras un compromiso contigo mismo para ser siempre principiante en algo?

¿Recreación o re-creación?

Si bien la recreación y la *re-creación* no son excluyentes entre sí, esta última es el verdadero elixir de la vida. Un coctel alquímico de curiosidad y sabiduría, adornado con ramitas frescas de la mente, la creatividad y el servicio de un principiante. Jubilarse es retirarse a la reclusión. Pero re-crear es regenerar, volver a ser nuevo. En la mediana edad, empezamos a preguntarnos cómo pasaremos nuestros años dorados. Cada vez menos de nosotros elegiremos la comunidad de jubilados con casa en medio del campo.

Suzanne Watkins sabía que no iba a vivir en un campo de golf. Durante años, Suzanne estuvo atrapada en su cubículo haciendo un trabajo que no amaba al ser madre soltera de dos hijos. Sabía que quería re-crearse a sí misma, pero no tenía el tiempo, la energía ni la libertad percibida. Al quedar con el nido vacío, a los 50 años, al fin tuvo tiempo para hacer una pausa, dar un paso atrás y observar su incesante agenda de trabajo de tres empleos mal pagados solo para llegar a fin de mes. Ella quería ver el mundo, pero no tenía los ahorros para hacerlo. Entonces, tuvo la inusual idea de hacerse azafata de vuelos internacionales: estaría obteniendo un ingreso, aprendiendo sobre una industria nueva y, lo mejor de todo, viajaría gratis por el mundo. Así que compactó su estilo de vida y aprobó su formación como azafata cerca de su cumpleaños 60. Darle la bienvenida a esta transición en su vida les ofreció a sus hijos adultos un ejemplo de que podemos reinventarnos a cualquier edad.

La mayoría de las personas queremos dejar un legado, incluso en su mínima forma. No es necesario dejar tu nombre en un edificio. Podría ser solo cómo influiste en un aprendiz, cómo cuidaste a tu amado perro o cómo contribuiste a un jardín comunitario en un parque cercano a tu casa. Para Suzanne, es ser un modelo a seguir para sus hijos. La pregunta que debemos formularnos en la mediana edad es esta: «¿Nuestro legado será uno de generatividad o de estancamiento?».

Aquí hay cinco preguntas que podrían ayudarte a definir tu legado.

1. ¿Quiénes serán los principales beneficiarios de lo que dejo tras de mí?
2. ¿Qué regalos menos obvios, pero más valiosos, estoy dejando?
3. ¿Cómo estoy pensando, preparando y ofreciendo este legado?
4. ¿Cuándo sería más conmovedor o poderoso ritualizar mi ofrecimiento a quienes estarán aquí después de mí?

5. ¿Por qué hago esto y por qué tiene significado para mí? Si es por mi reputación, tengo una idea equivocada.

Si puedes ver tu propia vida reflejada tanto en las preguntas anteriores como en las futuras, sabes que formas parte de una historia más grande. Hay hermosas películas sobre este tema del legado desde *La lista de Schindler*, *Mi vida sin mí*, *¡Qué bello es vivir!* o *Coco*.

Mientras diseñamos el regalo del tiempo, una de las preguntas más importantes que podemos hacernos es: «¿Cómo puedo servir?». Es una pregunta que adquiere un significado aún mayor en la mediana edad y más allá de ella. Como empresario con fines de lucro, pasé la primera mitad de mi carrera profesional enfocado en el retorno de la inversión (ROI, por sus siglas en inglés). Ahora paso la segunda mitad enfocado en una forma diferente de ROI: ondas de impacto (en inglés, Ripples of Impact).

Cuando dejas caer una piedra en un estanque, se genera una serie de ondas que se propagan en cadena sobre el agua. En nuestras relaciones, nuestras emociones pueden crear ondas positivas o negativas. En nuestros negocios, las decisiones que tomamos (cómo construimos nuestra cultura empresarial, cómo afectamos a nuestra comunidad y cómo dirigimos) transmiten energía al mundo que creará resultados positivos u ondas negativas. Lo mismo se aplica a la manera en que gastamos nuestro tiempo. La elección es nuestra.

Con más tiempo en tu vida, ¿cuál es tu regalo y cómo lo vas a compartir con el mundo?

LA VIDA ESPIRITUAL

11

«Descubrí mi alma»

La vida es un viaje primero horizontal, y luego vertical.

El mediodía y la mediana edad tienen mucho en común. Temprano en la mañana, una sombra se proyecta hacia el oeste. Un niño sueña con su futuro. A última hora del día, se proyecta una sombra hacia el este. Un adulto mayor deja un legado para las generaciones futuras. Pero al mediodía, con el sol directamente sobre nosotros, perdemos nuestra sombra, del mismo modo que perdemos nuestro sentido de dirección en la mediana edad. Esta es una condición temporal, ya que, al final, la tarde resurgirá, pero nuestras circunstancias y emociones de la mediana edad no son tan predecibles como el sol.

Quizá ahora sientas el impacto de la mediana edad. Podrías sentirte un poco perdido o estancado, como si necesitaras una brújula. Tal vez sientas que estás apoyando a todos los demás y atendiendo sus necesidades de tal forma que perdiste la noción de las tuyas. Puede que te aburras al extremo. También es posible que sientas que las preguntas sobre el significado de la vida se escapan entre las grietas de tu saturada agenda. Incluso podrías estar buscando la soledad más de lo que lo hacías hace cinco años, o quizá te encuentres convertido en un introvertido.

Todo esto puede resultar desorientador, pero no te preocupes. Un nuevo sistema operativo primario se está instalando en tu vida, actualizándose de la era del ego a la etapa del alma. Lo que se siente como una ruptura puede conducir a un arrebato. Esta es la razón por la que en la mediana edad muchos volteamos hacia adentro: nos damos cuenta de que nuestra alma necesita espacio, soledad y tranquilidad. O tal vez *necesitamos* espacio, soledad y tranquilidad para reconectarnos con nuestra alma.

¿Dónde está tu monasterio de conciencia, el lugar donde tu alma logra respirar?

Conforme envejecemos, es natural alejarnos de forma intuitiva del mundo social. Quizá ese fue el lado positivo de la pandemia cuando el «distanciamiento social» nos obligó a «escuchar con el alma». Es un tiempo para dejar de buscar respuestas y, en cambio, notar qué preguntas se están despertando para que puedas estar presente en el llamado de tu alma.

Sé que este puede ser un idioma desconocido para ti. Tal vez su función es ser un ligero empujón interior o un leve jalón hacia tu corazón. Si llegaste tan lejos en el libro, sabes que la mediana edad carece de un lenguaje común. Mientras que el despertar a la temprana edad adulta fue ruidoso, inconfundible y estuvo lleno de rituales sociales que ayudaron a solidificar nuestra identidad externa, el despertar de la mitad de la adultez es sutil, interno y socialmente invisible.

En su libro *Caer y levantarse. Una espiritualidad para la segunda mitad de la vida*, Richard Rohr refiere:

> Existe una amplia evidencia en diversos niveles de que la vida humana tiene dos tareas principales. La primera es construir un «contenedor» o identidad fuerte; la segunda es encontrar el contenido que ese contenedor debe albergar… El lenguaje de la primera mitad de la vida y el lenguaje de la segunda mitad son casi dos vocabularios diferentes, conocidos solo por aquellos que han estado en ambas.

Una pieza del lenguaje que presenté con anterioridad en el libro fue «maduescencia», aquella etapa en la que atravesamos la contraparte adulta de la adolescencia. Tal vez la maduescencia sea el momento en el que nuestro sistema operativo interno pasa del ego al alma, pero nadie nos da un manual para navegar este cambio. Bueno, por eso escribí este manifiesto sobre la mediana edad, para ayudar a guiarte en este viaje hacia tu alma.

Los delimitadores del ego

A veces se dice que la primera mitad de la vida se dedica a formar un ego sano, mientras que la segunda mitad consiste en ir hacia el interior y dejarlo ir.

En la infancia, nuestra alma se llena de asombro, muchas veces en armonía con las personas y el mundo natural que nos rodea. Y luego, a medida que avanzamos hacia la adolescencia, ocurre un fenómeno psicológico. El ego, que surgió temprano en la vida como un medio para asegurar nuestro lugar en el mundo, se convierte en una fuerza motora. Llevamos ese poderoso sistema operativo directo a la edad adulta; algunos lo hacemos acelerando nuestros motores y otros intercambiamos nuestro vehículo por un modelo más deportivo y joven. Sin duda, nuestro ego está en plena exhibición en las décadas de los 20, 30 y 40 años.

¿Es posible que lo que denominamos «crisis de la mediana edad» desde 1965 sea solo un cambio profundo en nuestro sistema operativo para el resto de nuestra vida? ¿Será que la adolescencia y la mediana edad representan los delimitadores del ego?

La gente suele referirse a la mediana edad, y más allá, como la «edad de los años dorados», pero también son los «años envalentonados», los años en que nos animamos a apartar al ego del camino y dejamos que el alma se haga cargo.

Es casi como si nos pidieran, a la mitad de nuestra vida, cambiar nuestro coche con transmisión automática por uno con palanca de velocidades. Al mismo tiempo, también se nos pide conducir ese auto con palanca de velocidades en las empinadas colinas de San Francisco bajo la lluvia, intentando no atrasarnos. ¡No es fácil!

Por fortuna, a medida que empezamos a familiarizarnos con nuestra nueva forma de conducir, nos damos cuenta de que conducir con palanca de velocidades es una experiencia táctil y entretenida. Se siente como si hubiera más conexión entre el conductor y la máquina, entre nuestra alma y nuestro ser físico. De pronto, llegar a donde queremos ir se vuelve más liberador e infinitamente más placentero.

Bienvenido a tu escuela de manejo de la mediana edad. Pongamos a prueba tu alma.

Levántate y muestra tu alma

Esto puede parecer abrumador; pero, así como aprendiste a conducir por primera vez en un estacionamiento o en un camino rural, el brote de tu alma puede ocurrir de maneras pequeñas y manejables, pero significativas.

La escritora Clarissa Pinkola Estés capta esto a la perfección. Ella sugiere que nuestro papel no es arreglar el mundo, sino enfocarnos en lo que podemos hacer que esté a nuestro alcance. Y hacer eso anima a otras personas. Señala lo siguiente: «Una de las acciones más calmantes y poderosas que puedes realizar para intervenir en un mundo tormentoso es levantarte y mostrar tu alma». Qué palabras tan poderosas, en especial en estos tiempos confusos. Lo contagioso de un alma brillante no puede ser sobrestimado, sobre todo en épocas oscuras. Tu valentía me brinda valentía, y la mía enciende la valentía en alguien más que logra vislumbrar mi alma. Este movimiento de nuestra alma crea un movimiento global y alimenta el catalizador necesario para que nos levantemos al unísono. Cada uno de nosotros es un modelo a seguir, incluso si pensamos que nadie nos está mirando.

El alma necesita significado como alimento. El significado puede llegar de muchas formas, pero a menudo se manifiesta en forma de servicio. A través del servicio descubres un mayor sentido de quién eres y de lo que eres capaz, porque estás siendo guiado por tu alma y no por tu ego.

Al principio de mi vida, me uní a la junta directiva de la Glide Memorial Church, una congregación metodista ubicada en el distrito Tenderloin de San Francisco, dirigida por el reverendo Cecil Williams, un afroestadounidense activista de la teología de la liberación que adquirió reputación mundial por atender a los pobres. Me uní a la iglesia algún tiempo antes de cumplir los 30 porque mi primer hotel estaba ubicado a pocas cuadras de la iglesia.

Me encantaba que las celebraciones dominicales fueran radicalmente inclusivas, llenas de gente de todos los ámbitos de la vida. La música góspel alegre que emanaba de sus paredes convirtió a Glide en una atracción turística, en especial porque estaba cruzando la calle del hotel más grande de San Francisco, y los sermones de Cecil eran legendarios.

Había estado antes en muchas juntas directivas de organizaciones sin fines de lucro y debo admitir que en ocasiones fui ese imbécil bien intencionado que quería demostrar que era el tipo más inteligente de la sala de juntas, en parte porque yo era el más joven. Mi ego completo estaba a la vista.

Pero había algo en la junta directiva de Glide que era diferente. Yo era, una vez más, el más joven en la sala de juntas, pero también me llamó la atención el carácter de mis mayores. Ninguno estaba ahí por su ego. Todos nos ofrecimos como voluntarios para servir almuerzo de forma regular a la comunidad, que hacía fila en las calles durante horas. Me encantaba cómo salía de las reuniones de la junta directiva sintiéndome animado y despierto, en lugar de obsesionado con mi desempeño.

Con el tiempo, Cecil empezó a pedirme que subiera al escenario los domingos para «levantar la ofrenda», una forma de alentar a los congregantes para que contribuyeran mientras se pasaban las canastas de la colecta. Por supuesto, hablar ante una audiencia de 1 000 personas era un poco atemorizante. Pero mi miedo escénico se desvaneció cuando Cecil y su esposa, Jan, me recordaron el objetivo:

—Esto no se trata de ti, Chip. Es tu historia la que le servirá a Glide.

Una vez que entendí la mecánica, lo encontré catártico, en especial cuando atravesaba mis épocas más oscuras. Creo que Cecil lo sabía y por ello me pedía que levantara la ofrenda un par de veces al año.

Cerca del final de mi cargo en la junta, cuando tenía poco más de 50 años, uno de los copastores me envió un correo electrónico diciendo que Cecil quería que contara mi historia ese domingo. Por supuesto, pensé que esto significaba levantar la ofrenda una vez más. Dije que sí y no pensé más en ello sino hasta esa mañana, cuando me presenté en la iglesia diez minutos antes de que comenzara el primero de los dos servicios y me encontré con Cecil, quien me dijo:

—¿Cómo se siente dar el sermón el día de hoy, Chip?

Espera un momento, ¡no me di cuenta de que eso era lo que me habían pedido que hiciera!

Cuando das el sermón en Glide, no solo tienes que hablar durante veinte minutos, dos veces, sino que te sientas en el escenario al lado de Cecil durante ambos servicios, lo que significaba que no tenía tiempo de esconderme en el baño y escribir mi primer sermón. Le dije a Cecil que no tenía idea de lo que iba a decir allí arriba, y solo repitió lo que me había aclarado hace muchos años:

—Esto no se trata de ti, Chip. Es tu historia la que le servirá a Glide —y luego añadió—: Diviértete allá afuera.

Durante los siguientes treinta minutos, mientras me sentaba en el escenario junto a Cecil, sin sentirme del todo preparado para la hora del sermón, me quedé mirando los vitrales y recordé un dicho: «Estamos todos rotos. Así es como entra la luz». Sentí esa lucha entre mi ego, que quería hacerlo bien, y mi alma, que quería que la luz brillara.

Cuando subí al púlpito sin notas y sin nada memorizado, pude sentir que, con la ayuda de un poco de las palabras de Cecil, mi alma había superado a mi ego. Ofrecí a la congregación mi historia personal, no como el «sabio en el escenario», sino como el ser humano imperfecto y en evolución que soy.

La escritora Jett Psaris puntualizó lo siguiente: «En lugar de ser un oponente del alma en el campo de batalla de la vida, el ego ha sido todo el tiempo un reflejo de la posibilidad más espontánea y auténtica de quien podemos ser cuando estamos centrados en el alma; de hecho, el ego es el alma en un estado primitivo y subdesarrollado».

El ego y el alma, explicó Jett,

> comparten la misma existencia de igual forma que el carbón y los diamantes son, ambos, carbono puro. Pero el carbón debe pasar por una tremenda transformación, tiempo durante el cual está sometido a altas temperaturas y a una presión increíble, antes de que su estructura atómica se reordene en el patrón del cristal que conocemos como diamante.

Ella continúa comparando este proceso con cómo el tremendo estrés colocado sobre el ego, facilitado por las experiencias de la mediana edad, lo transforma en algo nuevo y brillante: el alma... Y entonces ese cambio en nuestro sistema operativo durante la mediana edad «depende de nuestra capacidad de permitir que el alma evolucione más allá de la estructura del ego que la encierra».

Eso es esclarecedor, ¿no? El ego y el alma no están en guerra. Una vez que «nos liberamos de la rigidez, previsibilidad y densidad condicionadas de las identidades de nuestro ego», como Jett refiere, «nos acercamos a ser más ligeros, más transparentes y conscientes, a medida que nos damos cuenta de que nuestra alma es la parte verdadera y esencial de nosotros que se encuentra debajo de quienes hemos creído que somos».

El hombre del alma accidental

Jeff Hamaoui y su esposa, Rachel, habían estado viviendo en el norte de California durante veinte años. Tenían dos hijos pequeños y todos los adornos de una vida significativa. Entre los dos dirigían su propia consultoría enfocada en la sustentabilidad, el desarrollo de la comunidad y el cambio de sistemas: una empresa con una misión, una presencia mundial y unos clientes increíbles. Tenían propósito en su trabajo, personas en sus vidas a quienes amaban y admiraban.

Sin embargo, mientras Jeff examinaba su vida cuando tenía entre 45 y 49 años, algo no estaba del todo bien. Tenía la sensación de que él y su familia estaban, en palabras de U2, «corriendo para quedar quietos», y necesitaban una «actualización de sistema». Él y Rachel tenían todo lo que podrían haber esperado del tradicional sueño americano, pero la presión para mantenerlo era implacable. Empezaban a aparecer grietas en su relación, en su salud mental y, para colmo, los niños que tanto les había costado traer a sus vidas estaban siendo criados por una niñera. Como dijo Jeff: «Nuestra vida no tenía sentido».

Era hora de un cambio. Les tomó un año hacer una gran transformación, abandonar el área de la bahía y tomar un tiempo sabático indefinido de su trabajo. Eligieron conducir hacia el sur porque a Jeff le atrajo Baja California (México) con la promesa de abundante *surf*.

Los surfistas suelen hablar de este deporte como algo espiritual. De hecho, se han escrito libros enteros sobre el tema. Para Jeff, estar en la naturaleza, fluir, observar animales grandes deslizarse a través del océano y a las grandes aves rapaces que patrullan los cielos a lo largo la orilla, con la experiencia del épico centelleo de la «luz divina» que atraviesa como lanza la nube y la niebla en una típica mañana en California, coincidía con lo que él percibía como una experiencia espiritual. Y amaba a la «congregación», la comunidad de surfistas que también se dedicaban al arte de pescar una ola majestuosa.

Jeff había estudiado filosofía religiosa en la universidad y se sentía atraído de manera más amplia hacia el mundo espiritual, pero su experiencia de la espiritualidad a través de una lente en gran medida occidental fue mediada por personas e instituciones en las que no confiaba. Sus experiencias tempranas con la fe judía y la anglicana aturdían su mente con sus reglas y rituales interminables. Como librepensador, encontró la rigidez y la contradicción de tales sistemas de creencias por completo incompatibles con el funcionamiento de su mente.

Al llegar a Baja California, Jeff se vio obligado de manera instantánea a enfrentar la espiritualidad desde una perspectiva muy diferente. Lejos de ser institucionalizada, la espiritualidad en Baja California está arraigada en la experiencia del lugar mismo. El océano, las montañas, los cielos infinitos, las estrellas deslumbrantes y la abundancia de la naturaleza inspiran una reverencia diaria en la que uno casi no tiene otra opción que participar. El *surf* se convirtió en lo más cercano que tenía en su vida a una práctica espiritual, y él era religioso en su adherencia a sus rituales y ritos semanales de *surf*.

Esta «espiritualidad salvaje» es parte de la vida diaria en Baja California. La cultura mexicana está plagada de magia, chamanismo y una espiritualidad vivida todos los días que resultaba increíblemente extraña para Jeff. Los extranjeros, a quienes Baja California atrae, son por lo general exploradores, abiertos a reunir sus propios sistemas de creencias y prácticas en sus propias configuraciones y términos. Los dioses y los gurús tenían poco que ofrecerle a Jeff, quien atravesaba la década de los 40 años, pero Baja California era la incubadora perfecta en la que explorar e imaginar su propia espiritualidad una vez más.

Cuando Jeff llegó a la AAMM para participar en su primera cohorte de talleres beta, se sintió intimidado por la meditación, el yoga y el *mindfulness* (atención plena), pero apreció que la comunidad y los cofundadores (Christine Sperber y yo) no éramos dogmáticos sobre los principios y prácticas espirituales de la AAMM.

Jeff comenzó a facilitar algunos de los talleres beta y demostró ser de clase mundial en su capacidad para canalizar la sabiduría como algo que no se enseña, pero se comparte. Empezó a ver que las prácticas de atención plena podrían incluir el *surf*, la jardinería, y preparar la cena con amigos. Comenzó a ver que muchos de sus pasatiempos y pasiones, no solo el *surf*, podrían convertirse en su religión, y que lo mundano podía ser sagrado. Pronto, Jeff se convirtió en el tercer cofundador de la AAMM.

En ese primer año, Jeff construyó una relación cercana con un vecino de la AAMM y miembro de la facultad, el doctor Dacher Keltner, autor de *Awe: The New Science of Everyday Wonder and How It Can Transform Your Life* (Asombro: la nueva ciencia del asombro cotidiano y cómo puede transformar tu vida). En una investigación que se basó en miles de entrevistas en 26 países, Keltner y su equipo habían identificado ocho caminos principales para llegar al asombro. Clasificados según qué camino genera más asombro entre culturas, estos son:

1. Belleza moral (bondad, valentía, etc.)
2. Efervescencia colectiva
3. Naturaleza
4. Música
5. Diseño visual
6. Espiritualidad
7. Contemplar la vida y la muerte
8. Epifanías (revelaciones importantes)

Estos hallazgos fueron en verdad sorprendentes para Jeff, ya que sugirieron que había numerosos caminos hacia lo divino. Él mencionó lo siguiente: «Yo he pasado la mayor parte de mi edad adulta con resistencia a la idea de la divinidad. Hace poco, en un momento de claridad, me di cuenta de que la fe, para mí, en medio de la profusión de vida y belleza, en realidad no está en duda. Si quiero tener fe en que hay algo más grande que yo, todo lo que necesito hacer es abrir los ojos y ver el mundo como es en realidad».

Y continuó:

Me di cuenta de que mi lucha era con la gracia. A partir de mi propia exploración, la gracia es la comprensión de que tienes un lugar natural en el esquema de la divinidad. A medida que evolucionan mis propios pensamientos y sentimientos sobre esto, creo que todo aquello que nos lleva a la comunión con la vida, con el mundo natural, con otras personas y con la gracia con la que podemos movernos en el mundo es una oportunidad para estar relacionados, entendernos a nosotros mismos como parte de esa divinidad y sentir nuestra alma.

Y así mi buen amigo Jeff encontró su alma, aunque él no la estaba buscando. Su historia no es tan inusual para quienes están en la mediana edad. Quizá nuestra alma nos encuentre a esta edad.

¿Quién es tu partera para la mediana edad?

Creo que tienes que crecer dos veces. La primera vez sucede de modo automático. Todo el mundo pasa de la niñez a la edad adulta, y esta transición está marcada tanto por el momento en que el peso del mundo eclipsa la maravilla del mundo como por el paso de los años. Por lo general no puedes elegir cuándo ocurre.

Pero si este triunfo del peso sobre el asombro marca el primer paso a la edad adulta, el segundo es un redescubrimiento del asombro a pesar de la enfermedad, el mal, el miedo, la tristeza, el sufrimiento… a pesar de todo.

Y este segundo pasaje no ocurre por sí solo. Es una elección, no una inevitabilidad. Es algo que, de forma deliberada, tienes que salir a buscar, valorar y proteger.

Mago Nate Staniforth

En la mediana edad, nuestros gustos cambian. Nuestro equilibrio ha cambiado. Nuestra voz empieza a adquirir resonancia. Me gusta pensar en ello no solo como una segunda naturaleza, sino como una «segunda crianza», un momento en el que nutrimos nuestras almas al conectarnos con algo más profundo.

La mediana edad es el momento de un renacimiento espiritual intencionado.

Siempre pensé que ser partera y ayudar a madres a traer al mundo una vida nueva y preciosa debía ser un llamado glorioso y extenuante. La mediana edad es casi como nuestro segundo nacimiento, pero ¿dónde están las parteras que nos ayudan a guiarnos a través nuestro trabajo de parto de la mediana edad?

Richard Rohr sugiere que nuestras parteras de la mediana edad están a nuestro alrededor. Expresó lo siguiente: «La partera del espíritu no es un experto a quien llamamos para los momentos dramáticos… Como una partera, trabaja con la persona completa y está presente a lo largo de todo el proceso… Ella ofrece apoyo en cada etapa y espera con el parturiente cuando "no está pasando nada"».

Entiendo esto demasiado bien, basándome en el momento más oscuro de mi vida. Estaba iniciando mi camino hacia el puente Golden Gate para considerar un salto en 2009 cuando dos ángeles parteros aparecieron en mi vida. Mientras conducía, llamé a mi amiga Vanda, quien sabía muy bien cómo se estaba desmoronando mi vida, y le dije que me sentía destrozado y derrotado aquella fatídica noche. Por fortuna, había sido entrenada como musa y trabajadora de la sabiduría, por lo que estaba bien preparada para ser partera. Los años que Vanda pasó con personas que estaban al final de sus vidas es la información que alimenta su capacidad para ser partera en las transiciones de la mediana edad. Sencillamente, me ayudó saber que ella estaba ahí para mí durante mi momento de necesidad.

Estacioné el auto, llorando a lágrima viva y escuchando a mi partera. Mientras Vanda me recordaba por qué valía la pena vivir la vida, «Amazing Grace» de Aretha Franklin apareció de forma mágica en el dial de mi radio SiriusXM. Sentí como si Clarence, el ángel que salva a Jimmy Stewart de saltar de un puente en *¡Qué bello es vivir!*, estuviera vivito y coleando.

Me alegro de seguir vivo para decirte que la mariposa puede emerger de la crisálida más oscura.

¿Quién está a tu lado cuando cambias tu sistema operativo del ego al alma? ¿Cómo podrías ser la partera de la transición a la mediana edad de alguien más?

12

«Siento que me estoy haciendo más completo»

Estoy aquí para ser yo, lo cual está tardando mucho más de lo que esperaba.

Anne Lamott

En la primera mitad de nuestra vida, nuestro «yo» está compartimentado: la persona que somos en el trabajo muchas veces es diferente de la persona que somos con nuestros cónyuges e hijos. Tenemos ciertos fragmentos de nosotros mismos que mostramos a nuestros amigos más antiguos, y fragmentos completamente diferentes que mostramos a personas que apenas conocemos. Sin embargo, en la mediana edad, el conjunto se hace más grande que la suma de sus partes a medida que comenzamos a aprender a integrar toda la persona que somos.

Muchos filósofos sabios han sugerido que nuestro proceso de envejecimiento está destinado a revelar la belleza que siempre ha estado escondida dentro de nosotros. Quizá menos personas se preocuparían por ser viejos si reconocieran (y aceptaran) que su belleza interior brilla más a medida que envejecen. Se darían cuenta de que su propósito en la mediana edad es emular al escultor Miguel Ángel, quien liberó a David de la piedra.

Sí, estamos en proceso de envejecer, pero también estamos evolucionando. Y no solo estamos completos de manera individual, sino que somos parte de un todo más grande. Liberados del arnés de las presiones sociales y las expectativas, empezamos a vislumbrar los placeres inesperados de envejecer y sentirse parte de algo más grande.

Quizá el envejecimiento sea nuestro plan de estudios para volvernos más conscientes. En nuestro proceso de volvernos más conscientes, nos hacemos más presentes, más integrados con nosotros mismos y con todos y todo lo que nos rodea. Es como si hubiéramos estado llevando anteojos gran parte de nuestra vida. El proceso de aprender a hacerse completo es quitarse esos anteojos.

Crecer y envejecer son lo mismo

Nos sentimos cómodos diciéndole a un chico de 15 años: «Vaya, ¡cómo has crecido!», pero nunca le diríamos eso a una persona de 65 años. Y, por supuesto, nunca le diremos a ese chico de 15 años: «Vaya, has envejecido desde la última vez que te vi».

¿Cuándo se detiene el crecimiento y comienza el envejecimiento?, ¿es a los 25, 45 o 65? Esa es una pregunta capciosa porque sugiere que no puedes crecer y envejecer de forma simultánea.

Habiendo vivido en el Área de la Bahía de San Francisco durante casi cuarenta años, conozco la majestuosidad de una imponente secuoya, el árbol más alto en el planeta. Pueden crecer hasta más de 120 metros, lo cual es más alto que un rascacielos de 37 pisos. Una típica secuoya vive entre 500 y 700 años, aunque algunas secuoyas costeras alcanzan la edad de 2 000 años, de acuerdo con el Servicio de Parques Nacionales de Estados Unidos (en inglés, National Park Service). No solo eso, sino que las secuoyas costeras han estado en el planeta mucho más tiempo que los humanos. Han existido por más de 240 millones de años, lo que significa que habitaron la tierra al mismo tiempo que los dinosaurios.

Nosotros tenemos arrugas. Los árboles tienen anillos. Estos anillos de crecimiento no solo nos informan su edad, sino que ofrecen pistas sobre las condiciones climáticas que atravesó el árbol. Nuestras arrugas son iguales. La única diferencia es que no crecemos a medida que adquirimos más arrugas, mientras que los árboles continúan envejeciendo y creciendo.

En un bosque, los nutrientes tienden a fluir de los árboles más antiguos a los más jóvenes. Es mucho más probable que muera una pequeña plántula de árbol que ha sido cortada del circuito subterráneo del bosque que una que forme parte de una red arraigada. Conforme un árbol se acerca a su muerte, otorga su carbono a sus vecinos. Esto es una buena metáfora del conocimiento y la sabiduría que podemos depositar en la generación más joven a medida que envejecemos.

Cuando se trata de la naturaleza, nos maravillamos ante la gracia y majestuosidad de lo viejo. Vemos los árboles que se extienden hacia los cielos, embelesados con su belleza y su «antiguo crecimiento».

¿Qué pasaría si aplicáramos ese mismo pensamiento a los humanos mayores? ¿Qué pasaría si los miráramos a ellos (y a nosotros mismos) y viéramos la gracia y la belleza que llegan con la edad? ¿Y si viéramos sus arrugas como testimonio de su crecimiento interno: el crecimiento del corazón, del espíritu y del alma, como lo hacemos con los anillos de un árbol? ¿Cuántos anillos tienes dentro de ti?

Es trágico que, cuando aplicamos el término *crecimiento antiguo* a los humanos, suene como un oxímoron. Los viejos no crecen, solo mueren. Sin embargo, todo ser vivo muere en algún momento y la mayoría de los animales y los árboles usan sus años tanto como nosotros.

Crecer y envejecer no son excluyentes entre sí, ni en las secuoyas ni en los humanos. En el bosque, el crecimiento requiere regeneración (de las hojas viejas, las ramas viejas, y cualquier cosa que necesite convertirse en composta). En los humanos, requiere la regeneración de viejas ideas, viejas identidades, de cualquier parte de nuestra vida que necesite ser reinventada. Es ese ciclo de vida y muerte lo que hace que un ecosistema sea tan vivo y fresco.

Entonces, si pudiéramos darnos cuenta de que nuestro cuerpo terrestre no es la única manera de medir el crecimiento, nos percataríamos de que nuestro corazón y nuestra alma continúan aprendiendo y creciendo hasta nuestro último aliento. Entonces comprenderíamos que la *vejez* y el *crecimiento* pueden ser sinónimos.

¿Qué pasaría si hicieras una lista con todas las formas en que todavía estás creciendo hoy? Una vez que hayas terminado esa lista, haz otra con todas las formas en que esperas seguir creciendo hacia el final de tu vida.

La completud es un camino hacia la santidad

La completud es el sentimiento de estar conectado con algo más grande que nosotros mismos. Y envejecer se trata de volverse completo y, a veces, santo.

Estamos en armonía con la naturaleza cuando somos íntegros, cuando estamos integrados, no fusionados. Richard Rohr señaló lo siguiente:

> ¿Cómo sabes si estás en un camino que te lleva a la completud e implica vivir desde ella? Escucharás la armonía, no solo la cacofonía de un yo fragmentado. También sentirás la energía de un todo más grande: una energía que va más allá de la tuya. Al menos de modo ocasional, experimentarás la emoción de

> ser simplemente una pequeña parte de una gran causa... Vivimos la completud cuando «re-memoramos» nuestra historia y, a través de ella, experimentamos un sentido más profundo de ser parte de un todo más amplio.

A medida que envejecemos, nos volvemos a armar. Identificamos las «migas de pan» en nuestra vida y cómo nos han llevado por un camino hacia la completud y la santidad: un camino que nos ha permitido ser testigo de algo mucho más grande y profundo que nosotros mismos.

Durante mucho tiempo he sentido admiración por el doctor Phil Pizzo, médico y científico. Como hijo de padres inmigrantes y el primero en su familia en asistir a la universidad, su carrera se ha centrado en cuidar a otros, ya sea impulsando el avance de investigaciones sobre el cáncer infantil y el sida, como decano de la Facultad de Medicina de Stanford, o creando el Stanford Distinguished Careers Institute (DCI, por sus siglas en inglés) que mencioné en el primer capítulo.

También ha terminado numerosos maratones, corre 16 kilómetros al día y termina un libro cada semana debido a que escucha audiolibros mientras corre. Es un pensador rebelde con una forma afable y modesta de moverse a través de los diferentes y abundantes mundos que habita. Fue al final de su mediana edad cuando sintió el llamado a integrar esos mundos.

A sus 77 años, sorprendió a muchos cuando anunció que estaba estudiando para ser rabino, en especial porque creció como católico romano y se había convertido al judaísmo solo un par de años antes. Como ocurre con tanta gente después en la vida, pudo ver el hilo conductor de su viaje: toda una vida de cuidar, aprender, curar e indagar, como movimientos en una espléndida sinfonía, ganando impulso hacia su *crescendo*.

Tiene curiosidad por la conexión entre la sanación física y la espiritual, entre ciencia y religión, y entre el asesoramiento pastoral y su propia práctica contemplativa. Si bien algunos podrían ver su siguiente capítulo como un cambio de vida drástico respecto de su pasado, él lo ve como una parte integral de su historia, en especial porque él cree de manera firme que todavía le queda mucha vida por delante.

Doug Lynam, de 50 años, ha estado en el camino hacia la completud (y la santidad) toda su vida. En la temprana edad adulta, cambió su vida como marine activo y comprometido para hacerse monje benedictino. Sin embargo, cuando llegó a la mediana edad, se sintió asfixiado e incluso traumatizado por las restricciones monásticas; sentía que le impedían un mayor crecimiento espiritual. Descubrió las reglas y la estructura de una comunidad religiosa útil hacia la primera mitad de su vida, pero se convirtieron en una barrera para integrar la sabiduría y la libertad radical de los adultos mayores en la segunda mitad de su vida.

En su búsqueda de un mayor significado e integración, Doug dio un salto de fe en la mediana edad y abandonó el monasterio después de veinte años de servicio para ser un administrador de fondos enfocado en las inversiones responsables con el medio ambiente y la sociedad. Además de su trabajo ayudando a construir un mundo más justo, sostenible y una economía participativa, canalizó su sabiduría contemplativa hacia la acción compasiva al fundar una iglesia enteogénica, es decir, una casa de culto no denominacional e interreligiosa que incorpora el uso seguro de plantas medicinales en su práctica religiosa. Ahora ayuda a clientes, amigos y feligreses a sanar por medio de viajes de medicina basada en plantas, y está en armonía consigo mismo, lo que puede ser el máximo lujo de la vida.

Encontrar presencia bajo un árbol

Desafortunadamente, la mayoría de las personas no salimos de nuestra zona de confort antes de vernos obligados a hacerlo. El poeta David Whyte sugiere que vivimos cuatro o cinco años por detrás de la curva de nuestra propia frontera transformacional.

Continúa:

> La gente por lo general solo llega a esta frontera cuando tuvo una pérdida terrible en su vida o fue despedida de su trabajo o sufre algún otro trauma que rompe su historia. Entonces ya no pueden contar esa historia. Pero habiendo pasado tanto tiempo alejados de lo real, chocan con la realidad presente con tal impacto que se rompen al contacto con las circunstancias verdaderas.

Pero ¿y si pudiéramos acercarnos a esta frontera sin tener circunstancias externas que nos obliguen a salir de nuestra zona de confort?

Algo que he aprendido de los pueblos indígenas que he conocido en México y Nuevo México es que, con frecuencia, están mucho menos obsesionados con el pasado o el futuro, y más enfocados en el presente. Están fascinados con lo que tienen frente a sus narices, sea un cielo tecnicolor o el estado emocional de un miembro de la familia. Ellos no están cuatro o cinco años atrás: están en el momento presente.

Hace mucho tiempo, cuando le pedí a mi chamán favorito, Saúl, consejos para estar más presente, dijo:

—Encuentra presencia bajo un árbol.

¡Y esto provino de un chamán judío! Bromeé de vuelta:

—¡No sabía que celebrabas la Navidad!

Saúl sonrió ante mi impertinencia, pero él sabía que yo sabía lo que me quería decir: que el silencio y la calma me esperaban en el consuelo y la belleza de la naturaleza. Solo tenía que hacer tiempo para ello. Tenía que atravesarlo, dejarme llevar y prestar atención a lo importante.

Tomé en serio las palabras de Saúl, en especial cuando más me resisto a ellas. Cuando siento esa necesidad compulsiva de ir más rápido, hacer más y ser más, es mi señal para poner de inmediato en mi calendario un poco de tiempo para «espiar el tiempo divino». Me siento bajo un árbol hasta que logro respirar más lento y caminar más lento, y hasta que estoy donde necesito estar: completamente presente dentro de mí. Sé que solo entonces estaré totalmente presente para mi familia, amigos, seres queridos, y todos los que llegan a mi vida.

Lo opuesto a la presencia es la ausencia. Es una condición moderna, causada en gran medida por nuestra preocupación por nuestros dispositivos. También es una condición causada por la demencia y el alzhéimer, esas aflicciones que tanto tememos más adelante en la vida. Todos queremos vivir de forma más saludable y por más tiempo. Pero ¿de qué sirve una vida larga y saludable si no estamos de verdad presentes para ella?

¿Cómo le estás dando la bienvenida a una mayor presencia en tu vida? ¿Cómo podrías pasar treinta minutos menos en línea al día y usar ese tiempo para encontrar presencia en la naturaleza, a través de la meditación o escribiendo un diario?

Presionar «play» en tu vida otra vez

Se dice que puedes descubrir más sobre una persona en una hora de juego que en un año de conversación. Es tan cierto. No puedo decir cuántos exalumnos de la AAMM me han dicho que atravesaron una mayor transformación en el taller de una semana que lo que hicieron en años de terapia. Hay un gran valor en dejar que nuestras neuronas espejo jueguen y bailen juntas para que podamos sentir esa completud de la persona que somos en presencia de los demás.

El sociólogo Émile Durkheim acuñó el término «efervescencia colectiva» para describir la magia de esos momentos en que nuestra sensación de separación del ego se disuelve y es remplazada por la alegría comunitaria. Él lo explicó así:

> El acto mismo de reunirse es un poderoso estimulante, de manera excepcional. Una vez que los individuos están reunidos, su proximidad genera una especie de electricidad que con gran rapidez los transporta a un grado extraordinario de exaltación.

A raíz del suicidio de cinco amigos en la mediana edad, seguido de mi propia noche oscura del alma, sentí curiosidad por la efervescencia colectiva. Había tenido la experiencia de ese tipo de completud como miembro fundador de la junta directiva de Burning Man. En lo que llamamos la «playa», en el desierto de Nevada, vi cómo una comunidad puede apoyar la salud holística de sus miembros a través de rituales y juergas. A los 50 años, durante un momento en el que atravesaba una profunda incertidumbre, hice una lista de experiencias que había tenido en los últimos dos años y que me habían avivado. Descubrí que muchas de ellas estaban relacionadas con la experiencia de la alegría comunitaria.

Entonces, justo después de vender mi empresa hotelera y antes de que me invitaran unirme a Airbnb, decidí tomarme un año sabático (mi atrio de la mediana edad) dedicado a explorar la alegría comunitaria, y en ese año asistí a 36 festivales en 16 países. Lo hice porque necesitaba que me recordaran que había belleza allá afuera en el mundo, ya que había estado viendo demasiadas noticias vespertinas. Quería sentir una sensación de completud con el mundo, aprovechando la efervescencia colectiva de la gente. Mis amigos más prácticos pensaban que estaba loco o que me acababa de convertir en un bicho fiestero, pero mi intención era mucho más profunda que eso.

Hice la peregrinación al Maha Kumbh Mela de la India, la mayor colección de seres humanos de la historia, para ver decenas de millones de ascetas hindúes mostrando su sentido de devoción al sagrado Río Ganges. Descubrí El Colacho, un festival anual pagano-católico de cuatro siglos de antigüedad, en un pequeño pueblo español, que consiste en celebrar el triunfo del bien sobre el mal saltando sobre bebés durante todo el día. Casi me cornea un toro en Pamplona, soporté un clima de −34 °C para maravillarme ante la exquisita estética del Festival Internacional de Esculturas de Hielo y Nieve de Harbin, en China, y estudié varias celebraciones aldeanas de ritos de iniciación que caracterizan la vida en Bali.

Una y otra vez, ya fuera presenciando ascética o estética, experimenté el valor intangible y conmovedor del rito comunitario. No solo me hizo sentir parte de un todo más grande, sino también santo.

La mediana edad: un momento de completud

Estamos privados de este tipo de alegría comunitaria en la mediana edad. Perdemos la sensación de descubrimiento y juego. Ya sea en un monasterio o en la pista de baile, la mediana edad es el momento de tener la experiencia del sentimiento de estar completo en presencia de otros que también se están completando.

No estamos destinados a ser perfectos en la vida, pero sí debemos estar completos. Quizá pienses que estás deshecho en la mediana edad, pero esto es solo porque la vida te está ofreciendo (con la ayuda de tu familia y tus amigos) la oportunidad de sentir la sensación de logro para volver a armarte pieza por pieza. Puedes estar seguro de que no eres el único que hace esto. No tienes que vivir una vida de silenciosa desesperación.

La mayoría de los partidos deportivos se vuelven más interesantes en su segunda mitad, y los espectadores se sientan en el borde de su asiento durante el último acto de una obra de teatro, cuando todo al fin comienza a cobrar sentido. ¿Podría ser que la vida también se vuelva más interesante cuando uno se acerca al final?

Epílogo: por qué hago esto

¿Cuántas orugas se necesitan para hacer girar una crisálida? Una. Probablemente sea mejor pasar por nuestra patética crisis de la mediana edad solos. JA, JA, JA.

La mediana edad no es una crisis, es una encrucijada. Pero, a diferencia de la carretera bien señalizada y cuidada que hemos tomado hasta este punto, la mediana edad carece de señales de tránsito que nos ayuden a orientarnos para el siguiente tramo. Ojalá hubiera visto el letrero que decía «¡Cuidado! Curva peligrosa adelante» en mi década de los 40 años o «Reduzca la velocidad» en la de los 50. Más que nada, la mediana edad puede parecer como conducir en la niebla, por lo que, incluso si hay señales de tránsito, no las ves. La mayoría de las personas dependemos de obstáculos o circunstancias de la vida, que nos frenen como mi diagnóstico de cáncer, para que podamos encontrar nuestro camino.

Victoria Labalme escribió lo siguiente:

> En la vida de cada uno, en varios puntos del camino, nos encontramos en la Niebla del No Saber: un periodo de transición, cuando el camino, el plan o el proyecto todavía no está claro... Este periodo «intermedio», dure minutos o meses, debe ser respetado y honrado; es fértil y está lleno de promesas. Si puedes presenciar este vacío sin aferrarte a la salida más conveniente, lo que descubras superará tus expectativas y tu imaginación.

Siento un profundo compromiso con esta labor de ayudar a resignificar la identificación comercial de la mediana edad, en parte debido a mis amigos de mediana edad que acabaron con sus propias vidas y en parte debido a mi propia noche oscura del alma. Escribí este libro para ayudar a la gente a despejar la niebla; para ayudarlos a ver la mediana edad no como una fuente de temor o vergüenza, sino como la oportunidad para despertar de nuevo.

Lo escribí para gente como Alison Franklin, a quien no había conocido cuando me envió un correo electrónico que me hizo llorar. Escribió que, cuando era niña, su mamá, en broma, le advirtió: «¡No envejezcas!». Sus palabras legitimaron una paradoja que Alison ya intuía: ser joven es bueno; no ser joven es malo. Prometió desafiar a su madre y a la Madre Naturaleza. Ella no envejecería.

Durante décadas, tuvo éxito gracias a genes decentes, dedicación y disciplina. Desde sus 30 años y hasta después de cumplir 40, estaba en mejor forma que muchos veinteañeros, y se notaba. Cuando asistió a su vigésima reunión universitaria en 2019, en silencio se otorgó el superlativo «Menos envejecida» y se sintió triunfante. Alison era su propio juez, pero se había entrenado para este hito con inyecciones, microdermoabrasión y entrenamientos intensivos dos veces al día de una manera que claramente otros no habían logrado.

Alison continuó: «Entonces ocurrió el desastre. Sentí como si hubiera sucedido de la noche a la mañana, pero es probable que fuera un declive gradual y que yo estuviera demasiado predispuesta para notarlo». Sus años de atletismo comenzaron a pasarle factura, y la dejaron con lesiones persistentes que limitaron su movilidad y la dejaron al margen. «No podía dormir. Me quedé paralizada por el temor, el pánico y la fatiga que mi personalidad tipo A y mi conciencia no podían contrarrestar. Siempre había estado familiarizada con la depresión y la ansiedad, pero ya no podía mantenerlas a raya. Ya no estaba "bien" y eso sacudió mi mundo», recordó.

Resulta que Alison había pasado por una menopausia precoz. Su tiroides dejó de funcionar y desarrolló otras enfermedades que la transformaron, a sus ojos, de «gran triunfadora a alguien de alto riesgo, deficiente, subóptimo, bajo, lento y disminuido». Era «una anciana atrapada en un cuerpo de 45 años».

Sin embargo, más aterrador que sus dolencias físicas era el profundo miedo de que lo mejor hubiera quedado atrás, ¿y qué pasaba si lo «mejor» no había sido tan bueno? ¿Y si ella no hubiera logrado todo lo que se suponía que debía hacer en el primer acto? ¿Dónde estaba su consuelo por llegar a este punto muerto y llegar tan pronto?

Alison continuó: «Lucho por encontrar cómo dejar de lado mi perfeccionismo guiado por mi egoísmo, en torno al cual he girado toda mi vida. Sigo preguntándome: "¿Esto es todo?". Sin embargo, todo lo que sé son mis valores rígidos e insulsos que no ya no me sirven. Sin ellos, ¿qué tendría yo? ¿Quién sería yo? ¿Cuál es mi valor?».

Poco después de que su madre muriera debido a un raro trastorno de la médula ósea, Alison comenzó a replantear su relación con la mediana edad. En los recuerdos y fotografías de Alison, su madre sigue siendo eterna.

Esa es la ironía: la mayor tragedia de su vida es que no tuvo la oportunidad de envejecer. Justo cuando perdió su estilo de vida activo y la belleza que una vez la había definido, Alison encontró en su mamá el espíritu, la fuerza y las ganas de vivir: de lo que realmente estaba hecha.

Alison terminó el correo electrónico escribiendo:

> No tenemos la oportunidad de elegir entre juventud y envejecimiento. No nos hace ningún favor pensar que la tenemos. Veo eso ahora. Si elegimos la vida, nos haremos mayores, tendremos vello en la barbilla, perderemos audición y optaremos por un calzado práctico. Sé que solo hay una opción, pero todavía puedo con facilidad dejarme influir para pensar que hay otra: ya sea una cirugía plástica de cara, baños de hielo, curcumina. Chip, te agradezco que me recuerdes que crecer y envejecer son lo mismo.

Sí, estamos envejeciendo y creciendo al mismo tiempo. Y, de modo irónico, es nuestro crecimiento lo que nos ayuda con nuestro envejecimiento.

Para mí, la mediana edad ha sido el mejor y el peor momento. Fue cuando aprendí que envejecer no se trata de «crecer hacia arriba», se trata de «crecer hacia adentro», sobre todo cuando se trata de crecer en nuestras idiosincrasias únicas (y, créeme, tengo muchas). Fue cuando aprendí a encontrar más consuelo en las ambigüedades de la vida. He aprendido que, cuando estoy en un estado de umbral, encuentro toda clase de aspectos de mí mismo que estaban ocultos en tiempos normales. Me siento honrado de ser un *sherpa* de mediana edad para otros en sus viajes de umbral.

Al final de cada año, clasifico mi docena de razones para amar la mediana edad solo para ver qué es lo que más resuena en mí en ese momento. Mi clasificación más reciente tenía el tema del capítulo 7 (entender mi historia) en la parte superior y en el tema del capítulo 10 (abundancia de tiempo) en la parte inferior, tal vez porque estaba escribiendo este libro mientras dirigía la AAMM y me desempeñaba como defensor de la mediana edad en el mundo. Espero que mi lista te resuene también. Más que nada, espero que este libro haya ayudado a hacer que la mediana edad sea una aspiración para ti.

Mi mayor recordatorio de por qué hago este trabajo es escuchar tu historia. Así que no dudes en enviármela a <stories@chipconley.com>. El 1 de enero de 2023, cuando estaba profundamente triste y desesperanzado por mi pobreza de tiempo, me llegó de la nada el correo electrónico de Alison, sincronizado de un modo tan perfecto. Gracias por compartir tu vulnerabilidad y valentía conmigo y entre nosotros durante esta etapa particular de la vida. Todos estamos mejor por ello.

Agradecimientos

Utilizo mucho la palabra *partera* en estas páginas, así que démosles el crédito a estas personas cuyas habilidades como parteras hicieron de este un mejor libro.

Mi agente, Richard Pine, tiene un medidor de tonterías finamente sintonizado, así que me animó mucho cuando me dijo que este es un libro al que le llegó su tiempo. Me volvió a poner en contacto con la perspicaz Talia Krohn, la editora de mi libro anterior, *Wisdom@Work: The Making of a Modern Elder*, que se había mudado a otra editorial. Me encanta trabajar con ella, ya que es mi «permisionaria» (me da el permiso de desnudar mi alma en el papel, pero sin ir demasiado lejos, en mi jerga californiana). Gracias al resto del equipo de Little, Brown Spark (Hachette), que incluye a Karina Leon, Juliana Horbachevsky, Betsy Uhrig, Sabrina Callahan y Jessica Chun.

Bill Apablasa es el editor de mi blog diario Wisdom Well y fue un gran colaborador en este libro, que surgió de mi blog. Gracias a las siguientes personas que leyeron el manuscrito y me brindaron comentarios reflexivos: Jeff Hamaoui,

Kari Cardinale, Leslie Bartlett, Gabriela Domicelj, Skylar Skikos (nuestro cuarto socio de la AAMM), Barbara Vacarr, Eduardo Briceño, Marc Freedman, Barbara Waxman, Heather McLeod Grant, Pat Whitty, Douglas Tsoi, Debra Amador DeLaRosa y Vanda Marlow. (Lo siento si me faltó alguien).

La base de muchos de los perfiles personales del libro proviene de las publicaciones de invitados del blog Wisdom Well, y quiero reconocer a todos los escritores y darles las gracias. Muchas de estas personas son graduados de la AAMM, así que agradezco enormemente a todo nuestro equipo de la AAMM, en especial a aquellas personas en Baja California que ya llevan seis años con nosotros. Ustedes crean las condiciones para que nuestros estudiantes experimenten sus momentos «Baja-aaaah» transformativos.

Un gran agradecimiento a Nicole Nichols y Gemma Korus por correr la voz sobre este libro y la AAMM. Son creativas implacables, encantadoras y llenas de integridad, lo cual es impresionante en el negocio de las relaciones públicas.

Mi forma de ser como un derviche giratorio se basa en mi familia: mi pareja Oren Bronstein, Laura Spanjian, Susan Christian y nuestros dos hijos, mis padres y mis hermanas, Anne y Cathy (Anne, ¡no podría hacer todo esto sin ti!), y mi dulce hermana jamaiquina y compañera de casa Cookie Kinkead.

Por último, la tierra fértil de este libro provino del suelo de unas pocas almas buenas que no sobrevivieron a la mediana edad. Estos amigos de entre 40 y 50 años, Chip, Brian,

Arthur, Vince y Vic, se quedaron atrapados en la crisálida de su mediana edad y no pudieron encontrar la manera de salir de la sustancia pegajosa. Señores, fueron mi inspiración para presentar este nuevo plan de acción para una etapa de la vida tan profundamente incomprendida.

Bibliografía

Obras mencionadas

Brooks, Arthur C. *From Strength to Strength: Finding Success, Happiness, and Deep Purpose in the Second Half of Life*. Nueva York: Portafolio, 2022.

_______. «No One Cares!», *The Atlantic* (Nueva York). 11 de noviembre de 2021.

Brooks, David. *The Road to Character*. Nueva York: Random House, 2016.

Grossman, Igor. «The Science of Wisdom». The University of Chicago Center for Practical Wisdom (Chicago). 15 de octubre de 2020.

Hall, G. Stanley. *Adolescence*. Nueva York: D. Appleton & Company, 1904.

Labalme, Victoria. *Risk Forward*. Carlsbad, California: Hay House Business, 2021.

Manson, Mark. *El sutil arte de que te importe un carajo: un enfoque disruptivo para vivir una buena vida*. México: Harper Collins Español, 2017.

Psaris, Jett. *Hidden Blessings: Midlife Crisis as a Spiritual Awakening*. Oakland, California: Sacred River Press, 2017.

Rauch, Jonathan. «The Real Roots of Midlife Crisis». *The Atlantic* (Nueva York). 15 de diciembre de 2014.

Rohr, Richard. *Falling Upward: A Spirituality for the Two Halves of Life*. San Francisco: Jossey-Bass, 2011.

Updike, John. *A Month of Sundays*. Nueva York: Knopf Publishing Group, 1975.

Vanderbilt, Tom. *Beginners: The Joy and Transformative Power of Lifelong Learning*. Nueva York: Knopf Publishing Group, 2021.

Vogler, Christopher. *Writer's Journey: Mythic Structure for Storytellers & Screenwriters*. Studio City, California: Michael Wiese Productions, 1992; versión en español, *El viaje del escritor. Las estructuras míticas para escritores, guionistas, dramaturgos y novelistas*. Barcelona: Ma Non Troppo, 2022.

Waldinger, Robert J. y Marc S. Schulz. *Una buena vida. El mayor estudio mundial para responder a la pregunta más importante de todas: ¿qué nos hace felices?* México: Planeta, 2023.

Williams, Margery. *El conejo de felpa*. Bogotá: Norma, 1992.

Williams, Tennessee. «The Catastrophe of Success». *The New York Times* (Nueva York). 30 de noviembre de 1947.

Lecturas sugeridas: Los diez mejores libros para Chip sobre la mediana edad

Angeles, Arrien. *The Second Half of Life: Opening the Eight Gates of Wisdom*. Boulder, Colorado: Sounds True, 2005.

Brizendine, Louann. *The Upgrade: How the Female Brain Gets Stronger and Better in Midlife and Beyond*. Nueva York: Harmony Books, 2022.

Freedman, Marc. *How to Live Forever: The Enduring Power of Connecting the Generations*. Nueva York: Public Affairs, 2019.

Hollis, James. *The Middle Passage: From Misery to Meaning in Midlife*. Toronto: Inner City Books, 1993.

Jackson, Mark. *Broken Dreams: An Intimate History of the Midlife Crisis*. Londres: Reaktion Books, 2021.

Lawrence-Lightfoot, Sara. *The Third Chapter: Passion, Risk, and Adventure in the 25 Years after 50*. Nueva York: Sarah Crichton Books, 2009.

Levy, Becca. *Breaking the Age Code: How Your Beliefs about Aging Determine How Long and Well You Live*. Nueva York: William Morrow & Company, 2022.

Rauch, Jonathan. *The Happiness Curve: Why Life Gets Better after 50*. Nueva York: St. Martin's Press, 2018.

White, Elizabeth. *55, Underemployed, and Faking Normal: Your Guide to a Better Life*. Nueva York: Simon & Schuster, 2019.

Zweig, Connie. *The Inner Work of Age: Shifting from Role to Soul*. Rochester, Vermont: Park Street Press, 2021.